CU00825604

La comédie (in)humaine

NICOLAS BOUZOU
JULIA DE FUNÈS

La comédie (in)humaine

Pourquoi les entreprises
font fuir les meilleurs

DOCUMENT

Les Éditions de l'Observatoire remercient
les Éditions Gallimard, qui ont autorisé l'utilisation
du titre *La Comédie inhumaine*, titre d'un ouvrage d'André Wurmser
paru aux Éditions Gallimard en 1964.

Introduction

L'entreprise devrait être le lieu du travail, de l'audace, du risque, de la convivialité et de l'innovation. C'est d'ailleurs comme cela qu'elle aime se présenter. Mais les salariés le voient : ce n'est pas la règle. Beaucoup d'entreprises sont dominées par la peur, les process, les réunions inutiles, les documents PowerPoint sans fin et les managers incapables de manager. Alors que l'entreprise devrait être le principal agent du progrès des démocraties libérales, elle est devenue une bureaucratie parfois pire que l'État. Pourquoi le management vire-t-il souvent à la tragi-comédie ? Pourquoi les entreprises s'évertuent-elles à bâtir des organisations qui font fuir les meilleurs alors que leur principal objectif devrait être d'attirer les talents ? Comment remédier concrètement à ces dysfonctionnements insensés ?

Depuis une quinzaine d'années, nous menons une analyse sur la société contemporaine à travers nos prismes économique et philosophique, ce qui nous amène à fréquenter quotidiennement les entreprises. Conférences, conseil, études : une grande partie de notre temps est destinée à leur accompagnement, dans tous les secteurs d'activité, pour les faire participer à la plus grande mutation technologique et économique depuis la révolution industrielle de la fin du XVIIIe et du XIXe siècle. Nous aimons l'entreprise et nous savons que chef d'entreprise est l'un des métiers les plus durs au monde. Nous savons que manager des humains est un art d'une redoutable complexité.

La plupart des dirigeants perçoivent le caractère singulier de la période que nous traversons, qui exige des capacités d'adaptation extraordinaires. La convergence du numérique, de la robotique et de l'intelligence artificielle (IA) génère une destruction créatrice schumpétérienne potentiellement porteuse de progrès à condition que les institutions, publiques comme privées, soient flexibles, tournées vers l'avenir et capables de donner du sens à l'action. Les dirigeants d'entreprise sont toujours les premiers à reprocher aux États la fossilisation de l'économie due à des réglementations trop strictes, appliquées de façon bureaucratique, et à une fiscalité trop lourde. Ces critiques sont, la plupart du temps, parfaitement fondées. Le souci, c'est que les entreprises font elles-mêmes parfois partie du problème. En effet, un certain nombre de celles avec lesquelles nous travaillons sont bureaucratiques, rigides, organisées en silos. Leur management est perméable aux théories à la mode mais fait l'impasse sur des notions comme l'autonomie, le courage et le sens. Elles invoquent le bonheur mais oublient la convivialité qui naît de la volonté de participer à un projet qui fait sens. Bien souvent, ni les dirigeants ni les managers ne sont capables d'expliquer le projet de l'entreprise.

C'est à croire qu'il n'en existe pas d'autres qu'augmenter les profits et satisfaire les actionnaires. Au mieux évoque-t-on parfois la nécessité de « mieux répondre aux attentes du client ». Le sens reste opaque, l'innovation « définalisée ».

C'est un peu moins vrai dans les start-up, dont la raison d'être est souvent de changer le monde. Les start-up sont encore trop jeunes pour avoir fabriqué une bureaucratie sclérosante. Mais rigidités, organisation et management absurde constituent la réalité de la majorité des « entreprises installées » qui vantent la transformation et l'innovation, qui enragent de ramer dans des sociétés à l'arrêt, mais qui participent largement de cet engourdissement.

Au cœur du problème, l'entreprise est vue par ses actionnaires et dirigeants comme une « organisation technicienne » et non comme une « organisation finalisée ». La technique est au service de la technique et l'innovation au service du changement, sans que ces transformations s'inscrivent dans un projet explicite. Cette « définalisation » a des conséquences concrètes. Le leadership s'efface au profit du management et du contrôle. S'ensuit une inflation des réunions inutiles, des brainstormings ineptes, des présentations PowerPoint sans intérêt, tout cela orchestré par un management qui détruit plus de valeur qu'il n'en crée. Les salariés perdent de vue le but et le résultat tangible de leur travail. Les plus fragiles souffrent de maladies professionnelles, les désormais tristement célèbres burn-out, *bore-out* et *brown-out*. Les dirigeants tentent de soigner ces problèmes, non en coupant le mal à la racine, mais en faisant l'apologie absurde du bonheur au travail. Certains créent même des postes de Chief Happiness Officer (« directeur au bonheur ») ! Au fond, les salariés sont aux prises avec deux injonctions contradictoires :

– les entreprises exigent de plus en plus de travail de leurs salariés, mais dans les faits l'accumulation de process et de réunions les empêche de travailler ;

– alors que les salariés auraient besoin de sens et d'autonomie, on leur demande instamment d'être heureux au travail.

On peut s'étonner que la fiction romanesque ou cinématographique contemporaine n'utilise pas davantage le management des entreprises dans ses intrigues dans la mesure où le potentiel comique est énorme. Aujourd'hui, les écrivains et les scénaristes connaissent mal le monde de l'entreprise. C'est dommage. Les grands artistes pourraient nous amuser en nous faisant réfléchir à la comédie managériale qui est en train de se jouer.

Il existe une superbe exception à cette règle : la version britannique de la série *The Office*, écrite et jouée à partir de 2001 par le génial Ricky Gervais (David Brent dans la série). Dans le quatrième épisode de la première saison, appelé « Training », David Brent organise une session de formation sur l'expérience client et le *team building*. Évidemment, quelques clichés éculés et jeux de rôle ne suffisent pas à motiver une équipe qui s'ennuie terriblement et qui est dirigée par un manager qui utilise l'humour pataud comme unique outil pour guider ses collaborateurs. Cette excellente clownerie incarne bien ce management interventionniste, amical, infantilisant, trop présent, la plupart du temps à côté du sujet. *The Office* est devenu une série culte parce qu'elle exprime quelque chose de vrai : cette « comédie managériale » qui fait sonner faux la gestion des salariés et que les sociologues du travail expriment laborieusement et avec un biais anticapitaliste facile, répétitif et usé.

Pour nous, ce management plus ridicule qu'efficace n'est pas une fatalité capitaliste. Nous ne partageons pas les critiques des néomarxistes qui considèrent que la bureaucratie ou les maladies professionnelles sont des nécessités du capitalisme contemporain. Au contraire, nous pensons que le management moderne est souvent inefficace et contre-productif, peu adapté à l'économie du XXIe siècle.

Cette dernière exige des organisations qui valorisent la vitesse, l'audace, la capacité à investir des montants importants dans les bons projets. Nos organisations ont besoin de capital financier pour investir et humain pour innover. Les entreprises doivent attirer de l'argent et de l'intelligence. Or les process chronophormisent l'intelligence, les présentations PowerPoint la tarissent et les réunions et les formations inutiles gaspillent l'argent. L'achat d'un baby-foot ou la multiplication des brainstormings n'arrangent rien... Pour être à l'aise dans ce nouvel environnement, les entreprises doivent changer leurs croyances fondamentales et leurs idéologies souterraines.

C'est pourquoi cet ouvrage veut remettre les idées managériales à l'endroit, dénoncer les concepts absurdes comme le bonheur en entreprise, et revaloriser ceux de sens et d'autonomie. Les pages qui suivent vont peut-être nous fâcher avec un grand nombre de managers. Mais il n'est plus possible de laisser les entreprises gaspiller leur productivité et rester prisonnières d'idéologies mortifères : idéologie du contrôle et de la surveillance, idéologie de la peur, idéologie de l'égalitarisme, idéologie du bonheur. C'est cette emprise que nous voulons combattre pour délivrer le potentiel des salariés et de leurs entreprises.

Nous sommes des libéraux et nous aimons la libre entreprise. C'est pourquoi nous enrageons de la voir polluée par des idées à la mode et conformistes. Nous militons pour un retour en force de l'autonomie, de la franchise et du sens. Ce sera une libération pour les salariés et cela contribuera à la compétitivité de nos économies dans cette période de mutation que la France et l'Europe ne peuvent pas rater. Nous croyons au rôle crucial des entreprises pour construire une société forte et innovante. Notre livre n'est pas contre les entreprises. Il est pour elles.

1

Quittons l'absurdie

Un management contemporain insensé...

Dans les sociétés développées, une grande part de la population vit entre l'entreprise et le domicile. Si chacun peut organiser en théorie sa vie privée, c'est moins le cas de la vie professionnelle. L'organisation et le mode de management obligent les salariés. C'est pourquoi les absurdités managériales sont si mal vécues. Non seulement elles sont pénibles en soi, mais elles sont en outre imposées. Voici des exemples de formations, séminaires ou réunions qui nous ont semblé significatifs des dérives managériales modernes. Tous ces exemples nous ont été rapportés. Ils ne sont pas seulement des anecdotes mais des symptômes du non-sens actuel.

– Un directeur général d'un grand groupe d'assurances réunit, comme chaque année, ses « meilleurs éléments[1] ». Le DG transmet une

---

1. Le terme « éléments » est lui-même significatif. Un « élément » est une « chose », c'est-à-dire de la matière inerte.

poignée de messages stratégiques clés à ses équipes, notamment la nécessité de travailler « collectivement ». « Des liens doivent se tisser entre collaborateurs pour gagner en efficacité », affirme-t-il avec conviction. « On est plus fort à plusieurs que seul », renchérit-il. (Ah bon ? Sans rire ?) Quel moyen pédagogique ou rhétorique ce DG a-t-il conçu pour faire passer ce message (qui valait le détour) ? Pas des mots, ni des actes, ni des preuves exemplaires, non… ce serait trop sérieux. Il opte pour… un lancer de pelotes de laine. Ces pelotes sont de couleurs différentes (diversité oblige). Les deux cents salariés se lancent alors des boules de laine dans l'amphithéâtre déjà sur-chauffé. Nous assistons à une scène digne d'un film d'avant-guerre où des « responsables » de 40 à 65 ans lancent comme des enfants des pelotes de couleur. Le problème, c'est que les fils des pelotes s'emmêlent et paralysent plus qu'ils ne tissent de véritables liens, mettant à mal la démonstration du DG…

– Une entreprise organise un saut en parachute pour ses commerciaux afin de les accoutumer au fait de se « surpasser ». Un binôme dérive à cause du vent et se retrouve à plusieurs kilomètres du reste de l'équipe. Il est la risée de ses collègues pendant la durée du séminaire. Ces activités sportives ou extrêmes, du football au saut à l'élastique en passant par l'Accrobranche, sont courantes dans les séminaires d'entreprise.

– Pour développer l'inventivité de ses salariés, une entreprise organise des ateliers créatifs (ou plutôt récréatifs !). Les salariés d'une grande banque sont ainsi enfermés dans une pièce de

9 heures à 18 heures pour jouer aux Lego et à la pâte à modeler, comme s'ils étaient revenus... à la crèche.

– Un manager organise une réunion de deux heures pour définir le jour et l'heure d'une réunion hebdomadaire. Une semaine plus tard, il envoie un e-mail à ses collaborateurs parce qu'il s'est souvenu qu'il devait garder ses enfants le mercredi matin, moment initialement choisi par son équipe. Il fixe autoritairement dans le même e-mail le nouveau jour et le nouvel horaire.

– En 2005, France Télévisions avait organisé pour les cadres de sa régie publicitaire un séminaire qui s'est clos devant les tribunaux. L'entreprise, pour tester la résistance au stress des collaborateurs, avait demandé à une agence spécialisée dans l'événementiel de simuler une fausse prise d'otages. Ces « Marins du Syndicat des travailleurs corses » interrompent violemment le séminaire, exigent un million d'euros et la diffusion d'une vidéo au journal de 20 heures du même soir. Quelques collaborateurs débrouillards tentent de s'enfuir. Ils seront stigmatisés lors du débriefing. Après plus d'une heure de terreur bien réelle, les faux preneurs d'otages lèvent le masque. Plusieurs collaborateurs (certains ont souffert de dépression) ont assigné l'organisateur du séminaire devant la justice, lequel a été condamné définitivement en 2010 pour « complicité de violences aggravées, avec préméditation et usage ou menace d'une arme ».

– Les activités imposées aux collaborateurs lors de ces séminaires frisent souvent le ridicule : relaxation pour évacuer le stress, escalade pour renforcer la solidarité du groupe, raid en quad ou *escape games* pour se défendre de la concurrence et l'abattre... Le ridicule peut même tuer. L'un de nous deux se souvient d'un décès lors d'un séminaire auquel il était intervenu pendant la crise financière en 2008. Un homme de 50 ans succomba à une crise cardiaque lors d'un match de football. L'autre se rappelle le malaise d'une jeune femme en raison du stress que représentaient pour elle des exercices de prise de parole en public... Les pompiers ont dû intervenir. Cette jeune femme était plus gênée à la fin du séminaire qu'à l'arrivée alors même que l'objectif était de lui faire gagner en confiance.

La plupart du temps, ces pratiques dégoûtent les meilleurs et ne ravissent que les moins bons collaborateurs des entreprises. Nous ne pensons pas que ces exemples soient contingents. Ces séminaires sont dangereux parfois, infantilisants souvent et, au mieux, passent à côté de leur sujet.

Dans le premier exemple cité, celui des pelotes, le défi du manager confronté aux exigences de la « performance collective » serait de s'extraire des pièges du « jeu collectif » en créant du « sens commun ». Mais, le sens ne se donne pas et ne se décrète pas. Il se construit par le désir et grâce à la contribution de chacun. D'où la nécessité, pour le manager, d'être comme le roi de Platon, un « tisserand ». Ce qui caractérise un chef politique ou un dirigeant d'entreprise digne de ce nom est sa capacité à tisser, c'est-à-dire à combiner habilement les différences de tempérament et de compétences et de construire l'unité à partir d'une diversité bien amalgamée. L'idée du tisserand, issue de Platon, est grandiose. De là à lancer des pelotes...

Au sujet du deuxième exemple, les activités extrêmes sont censées souder les équipes, mais les collaborateurs les considèrent souvent comme des évaluations masquées, ce en quoi ils n'ont pas forcément tort. Qui peut penser après y avoir réfléchi trois secondes que faire sauter ses salariés en parachute présente un quelconque intérêt pour la destinée d'une entreprise ?

Concernant les ateliers créatifs avec Lego et Kapla, pourquoi des managers vont-ils chercher ces idées infantilisantes auprès de cabinets de formation qui transforment ces journées en impasses ? Quitte à présenter des incubateurs de créativité, invitons les salariés au Louvre !

Quant aux réunions, ces dernières sont une plaie de l'entreprise contemporaine. Non seulement elles ne servent souvent rigoureusement à rien, mais parfois, comme dans l'exemple, elles détruisent de la richesse, car elles sont pensées et conduites en dépit du bon sens.

Les collaborateurs, et par effet indirect la compétitivité de l'entreprise, ont besoin de formations utiles, d'autonomie, d'autorité (ce qui n'est pas contradictoire avec l'autonomie, nous le verrons plus loin) et de sens. Pas de s'improviser rugbyman ni showman. Quant à l'esprit d'équipe, il doit se forger dans l'entreprise même, tout au long de l'année, en fonction d'un sens commun, d'un projet, et non par des événements artificiels, parfois sympathiques, mais qui voudraient faire d'un groupe de gens qui s'amusent un collectif professionnel.

Démotivant...

Une salariée d'une banque nous a raconté qu'elle avait demandé à bénéficier d'un accès à son e-mail professionnel sur son Smartphone et son ordinateur personnels pour pouvoir travailler de chez elle. Elle faisait de la recherche sur le financement des pays émergents et cela la passionnait. Le management lui a refusé sous prétexte qu'elle n'est pas à un niveau hiérarchique suffisamment élevé. Dans cette banque, n'est pas travailleur qui veut ! Le management contemporain des entreprises crée davantage de problèmes qu'il n'en résout. Deux maux principaux le caractérisent : les injonctions contradictoires et la réification. Les managers exhortent les salariés à innover, à être autonomes voire audacieux. Mais, en pratique, les collaborateurs sont aux prises avec des managers, des process et des réunions qui les empêchent, justement, de faire preuve d'autonomie, de prendre des initiatives et de montrer la moindre audace.

À force de satisfaire à des directives, des process, des indicateurs chiffrés, les salariés deviennent comme des robots bas de gamme, ce qui est une hérésie au moment où l'intelligence artificielle progresse à un rythme exponentiel. Au lieu de permettre aux salariés de renforcer leur avantage comparatif d'humains, on les fait travailler comme des machines, mais sans la régularité ni la résistance à la fatigue et à la démotivation. Les collaborateurs se dévitalisent. Les dirigeants des entreprises perçoivent bien des dysfonctionnements, comme en témoigne l'hyperinflation du nombre de consultants et de coachs, mais sans en attaquer la cause. Ils préfèrent ne s'en prendre qu'aux symptômes. Les salariés dévitalisés sont donc ballottés de *team building* en formation au leadership et en créativité durant lesquels on leur apprend (souvent mal) à innover et à mener des projets sans voir que l'organisation de l'entreprise rend cet objectif inatteignable : tout est fait au contraire pour que rien ne change. En outre, la démagogie qui, depuis quelques années, entoure le management, à renforts de brainstormings et de concepts creux comme celui de l'intelligence collective n'arrange rien, au contraire. Les entreprises sont passées d'un management paternaliste, vertical et autoritaire, à un management infantilisant, mâtiné de bienveillance et de démagogie.

Depuis 2009, l'assureur Malakoff Médéric interroge les salariés français sur leur degré d'implication dans le travail. Les chiffres les plus récents (2016) montrent un niveau de désengagement inédit. Quelque 20 % des salariés déclarent ainsi « être présents pour être présents ». Ils étaient moins de 10 % en 2009. Près de 30 % souhaiteraient un arrêt maladie (moins de 20 % en 2009). Ils ne sont plus que 22 % à estimer « pouvoir prendre des décisions », contre 34 % en 2009. CQFD : les entreprises exigent de l'autonomie mais ne l'accordent pas. La forme est maladroitement privilégiée sur le fond.

Pathogène...

Les problèmes engendrés par le management contemporain se traduisent par un désengagement professionnel massif et sont visibles dans l'explosion du nombre de burn-out (maladie liée à l'excès de travail), de *bore-out* (maladie liée à l'ennui au travail) et de *brown-out* (maladie liée à la perte de sens du travail). Nous manquons encore de statistiques fiables concernant ces maladies professionnelles, mais il y a tout lieu de penser qu'elles ne sont pas isolées et loin d'être liées au seul excès de travail. Sans doute plusieurs centaines de milliers de personnes souffrent de burn-out en France, sachant que cette pathologie constitue souvent le point de départ d'autres maladies : dépression, troubles alimentaires, addictions, infections dues à la baisse des défenses immunitaires. Le *bore-out* est difficile à identifier, car les salariés qui l'endurent veulent donner l'impression de crouler sous le travail. Ils restent à leur bureau de longues journées passées à ne presque rien faire.

Une étude menée en Belgique citée par *Le Figaro* estime que de 20 à 40 % des salariés ne disposent pas de suffisamment de travail pour remplir leur journée[1]. Lors d'une enquête que nous avons réalisée à l'Hôtel-Dieu en janvier 2018, le personnel paramédical (les « para ») s'est plaint d'une baisse d'activité et a souligné l'ennui qui affectait les équipes. La direction avait décidé de limiter l'accueil aux « urgences police », ce qui ne suffisait plus à occuper une équipe paramédicale d'une centaine de personnes. Cette chute d'activité a eu des conséquences délétères. Les enquêtes ont montré que les paras, moins stimulés par leur

---

1. « Burn-out et bore-out : quand le travail éreinte », *Le Figaro*, 7 août 2017.

travail, ont commencé à se désintéresser de leur service. Résultat, les poubelles n'étaient pas changées, le ménage à peine fait, et les tâches les plus rudimentaires d'hygiène non assurées, alors qu'en période de suractivité tout était en ordre et sécurisé. La direction a pointé du doigt un problème de paresse, analyse pour le moins courte : le personnel souhaitait travailler davantage !

En mars 2017, la CFDT a publié une enquête complète et passionnante sur le rapport des Français au travail[1]. Tout n'est pas négatif : 77 % des personnes interrogées aiment leur travail et 60 % leur entreprise ou administration ; 70 % ont noué des amitiés au travail et 60 % estiment leur lieu de travail agréable. Ces résultats relativisent les obsessions récentes pour les thématiques du bonheur au travail, de l'aménagement du lieu de travail, ou encore du temps de travail. Ces sujets sont légitimes, mais ils ne constituent pas l'essentiel, qui est, en l'occurrence, la contestation de la hiérarchie : 12 % des sondés seulement estiment que leur supérieur leur est utile et 75 % souhaiteraient davantage d'autonomie. Un tiers des sondés ont l'impression d'être considérés comme des machines. Pour résumer : les salariés apprécient leur travail et leur entreprise. Mais ils rejettent le management qui, paternaliste ou « amicalement » infantilisant, les bride.

---

1. Enquête CFDT « Parlons travail » réalisée auprès de 200 000 personnes du 20 septembre au 31 décembre 2016.

Contestable et contesté...

Une étude récente, réalisée par Malakoff Médéric, apporte aussi des résultats éclairants et préoccupants pour les dirigeants[1] : 95 % des cadres et des responsables interrogés estiment jouir de la confiance de leurs collaborateurs, mais seuls 55 % des salariés ont en réalité confiance dans leurs dirigeants. Les salariés accordent même davantage de confiance à leurs collègues directs qu'à leurs supérieurs hiérarchiques. On peut voir dans ce hiatus une crise de l'autorité qui, d'ailleurs, ne frappe pas que l'entreprise mais est générale à nos sociétés. Cette crise existe mais n'exonère pas les entreprises de leur responsabilité.

Nous devons la notion d'autorité aux Romains, qui la distinguaient du pouvoir. Le pouvoir (*potestas*) était la source du commandement et des décisions contraignantes. L'autorité (*auctoritas*), l'instance qui étudiait et validait les décisions. Le pouvoir appartenait au peuple ou à l'Empereur, selon qu'il s'agissait de république ou d'empire. L'autorité relevait à Rome du « Sénat », l'assemblée des « seniors », qui donnait son avis sur les décisions. Le pouvoir et l'autorité ont donc à l'origine peu à voir. Le substantif « pouvoir » désigne la détention, par un individu ou par un groupe, de la capacité de contraindre, associée à celle de se faire obéir. Si cette capacité est institutionnellement ou statutairement fondée, nous sommes dans le domaine de l'exercice d'un pouvoir

---

1. Étude menée par BVA pour Malakoff Médéric, reprise sur le site Le Comptoir de la nouvelle entreprise.

reconnu comme tel. L'autorité est en revanche la capacité d'un individu à s'imposer aux autres sans user de la contrainte, mais par le simple fait qu'il soit reconnu pour ses qualités et respecté pour sa propre valeur.

Début 2018, nous participons aux vœux d'une PME dans le secteur des services aux entreprises. Le directeur général commence son allocution par « Cette année, nos trois mots d'ordre sont : *new cash, new cash, new cash* ». Ses collaborateurs nous ont avoué que, depuis dix ans, ses vœux débutaient toujours avec cette même phrase. Le DG a ensuite ouvert une présentation PowerPoint. Au bout d'une heure trente de présentation, à la 50e *slide*, il s'est arrêté net et a lucidement déclamé à l'assistance : « Désolé, je sais que c'est horrible, mais je n'en suis qu'à la moitié. » Aucun charisme, aucune autorité ne se dégagent de cet homme, lui-même visiblement démotivé, lisant des *slides* à n'en plus finir.

Dans l'entreprise, l'autorité devrait émaner du management, censé superviser et aider les salariés à travailler et à prévenir les dirigeants des répercussions de leurs éventuelles erreurs. La pratique en est loin. Les managers ont bien souvent du pouvoir sans autorité, car le management est davantage considéré comme une promotion que comme une aptitude. Un salarié méritant devient quasi automatiquement manager, même si aucune autorité immanente n'émane de sa personne. Les entreprises se soumettant à cette logique rencontrent aujourd'hui de grandes difficultés. Les supérieurs sans autorité ne peuvent, de fait, être considérés ni suivis.

Compliqué...

Les maux de l'entreprise contemporaine et le mal-être des salariés dérivent de l'incapacité du management à freiner la complexité bureaucratique qui paralyse l'entreprise. Certes, la source de cette complexité est exogène à l'entreprise : les *reportings* financiers et la réglementation publique obligent les entreprises à multiplier les process. Mais dans une analyse passionnante et fondamentale, Yves Morieux et Peter Tollman montrent que la complexité à l'intérieur de l'entreprise croît beaucoup plus vite que la complexité à l'extérieur de l'entreprise[1]. Pour rendre cette idée la plus objective possible, ils ont construit un indice BCG, du nom du cabinet de conseil pour lequel ils travaillent, qui inclut deux sous-indices : le premier mesure la complexité des affaires (complexité de la réglementation, des marchés, des exigences financières...) et l'autre la complexité interne à l'entreprise (qu'ils appellent la « complication », mesurée par le nombre de procédures, de niveaux hiérarchiques, d'interfaces, d'organes de coordination, de process de *reporting* et de contrôle...). Depuis 1955, l'indice de complexité a été multiplié par 6 et le second par 35 ! L'indice de complication progresse en moyenne chaque année de 6,7 % ! Morieux et Tollman rapportent que, dans les organisations les plus complexes, les managers consacrent entre 30 et 60 % de leur temps aux réu-

---

1. *Cf.* Yves Morieux et Peter Tollman, *Smart Simplicity. Six règles pour gérer la complexité sans devenir compliqué*, Manitoba-Les Belles Lettres, 2014.

nions d'organisation. Les entreprises se couvrent quasi systématiquement derrière la complexité croissante de leur environnement pour justifier la bureaucratie kafkaïenne qui les entrave. Mais les indices BCG montrent que cette excuse est en partie infondée.

Dans un article devenu culte, l'anthropologue britannique David Graeber souligne avec humour la prolifération de métiers inutiles et insensés, qu'il appelle les *bullshit jobs*, qu'on peut traduire par « métiers de merde » ou, plus joliment, « métiers à la con[1] ». Graeber explique que, dans le contexte de l'Union soviétique, on aurait pu s'attendre à la multiplication des métiers administratifs. Mais le capitalisme, en théorie, est censé ne laisser émerger que des métiers qui sont valorisés par le consommateur, ce qui, de toute évidence, n'est pas le cas. Il y a sans doute plus d'opérateurs de télémarketing que d'artistes. Malheureusement, Graeber finit par sombrer dans une logique gauchisante, quand il voit derrière ces métiers une construction de la classe dominante pour occuper les gens et les maintenir dans leur statut de consommateurs anesthésiés de peur qu'ils ne deviennent révolutionnaires. Aveuglé par son idéologie, Graeber ne peut pas comprendre que la réalité est plus simple. Les entreprises laissent croître la complexité interne par paresse et pour éviter non pas la révolution, mais l'intrusion de l'imprévu et du risque, sans voir clairement que cette

---

1. L'article de Graeber a été publié par *Strike* en 2013 sous le titre *"On the Phenomenon of Bullshit Jobs: a Work Rant"*. Il a élargi et développé sa thèse dans son ouvrage *Bureaucratie*, publié en France chez Babel, en 2017.

lâcheté se retourne contre elles : la démobilisation des employés et la stagnation de la productivité en témoignent. On notera au passage l'extraordinaire échec des théories du management en « conduite du changement » qui n'ont pas su éviter ce drame. Contrairement à ce qu'affirment les auteurs néomarxistes, la complexité et la bureaucratie ne sont pas des superstructures du capitalisme contemporain, mais au contraire un frein à son épanouissement.

2

Évitons de faire du capitalisme un bouc émissaire

Une erreur de raisonnement

Pour nos déclinistes, souverainistes et autres insoumis, il n'est point besoin de trop réfléchir : tous nos malheurs, du réchauffement climatique à l'impolitesse en passant par les dérives managériales sont dus au capitalisme, à la mondialisation et à la modernité. Pour ces gens-là, *Germinal* était un cauchemar mais quand même vaudrait-il mieux revenir à *Germinal*. L'avantage des raisonnements simplistes, c'est qu'ils évitent le mal de tête. Celui-là n'est pas simplement basique. Il est aussi erroné. Pour comprendre les insuffisances de l'entreprise contemporaine, il ne suffit pas de répéter des généralités sur le « néolibéralisme ». Encore faut-il décortiquer le fonctionnement interne de l'entreprise et saisir les idéologies qui, consciemment ou inconsciemment, régissent ses décisions.

Le raisonnement des antilibéraux est le suivant. La mondialisation accentue les pressions concurrentielles. Les entreprises cherchent à maximiser leurs profits. Les dirigeants devraient donc garder les yeux rivés sur le chiffre d'affaires et la structure des coûts. La stratégie, y compris la gestion des ressources humaines, se réduit à une optimisation constante des paramètres financiers. En découlent la profusion des indicateurs de performance et la réification des collaborateurs. Ce phénomène serait encore plus intense dans les entreprises cotées, qui appartiennent à des actionnaires qui ne sont pas véritablement intéressés à l'objet social d'une entreprise, mais seulement à la recherche de dividendes et d'une plus-value financière. La mondialisation et la financiarisation de l'économie ont donc intensifié un mal que le capitalisme porte en lui depuis l'origine.

Ce raisonnement a pour lui son apparence de véracité et sa force logique. Malheureusement, comme souvent, les raisonnements marxistes ou pseudo-marxistes ne résistent pas à l'observation de la réalité. Ceux-ci relient une vérité (les errements du management contemporain *via* notamment la profusion des indicateurs de performance) à une cause fantasmée et même espérée (le capitalisme et la mondialisation doivent de toute façon être coupables de tout). Cette relation causale est pourtant invalidée par deux types de faits tangibles :

– d'une part, ces errements managériaux ne se retrouvent pas dans toutes les entreprises mais dans une partie d'entre elles seulement. Certaines, même grandes, sont appréciées de leurs salariés, car elles laissent une large part à l'autonomie et parce que leur stratégie est claire et partagée. Dans les nombreux classements qui portent sur ces sujets, on retrouve quasi systématiquement Leroy Merlin, Wavestone, OVH, Decathlon... Chacun peut aussi observer qu'un management rigide se retrouve plus souvent dans les grandes entreprises que dans les plus petites ou les start-up. Cela signifierait que la propension au management bureaucratique est un problème lié à la taille mais pas forcément inhérent au capitalisme contemporain ;

– d'autre part, toujours d'après nos observations, toutes les structures d'entreprises peuvent connaître ce type de difficultés, y compris celles qui ne sont pas cotées en Bourse. Ainsi, les entreprises mutualistes, non cotées car sans actionnaire, bien qu'elles soient censées échapper à cette « tyrannie du marché », accueillent souvent en leur sein un management rigide, lié à leur taille et aussi à leur gouvernance complexe. C'est, par exemple, le cas des mutuelles d'assurances, dont certaines sont rongées par les réunions, les process, les chiffres. La réglementation, qu'elles critiquent, les a en réalité protégées et leur a offert le loisir de développer des gouvernances et des organisations d'une redoutable inefficacité. La même observation vaut pour les grandes associations et, évidemment, le secteur public. L'Éducation nationale n'échappe pas à la réunionite aiguë ni aux process. Dans un hôpital, tout est aujourd'hui mesuré, ce qui contribue à généraliser le mal-être des salariés. Presque chaque geste du personnel est scruté, compté, évalué, standardisé. Cette division du travail et cette rationalisation extrêmes nuisent à la qualité des soins et aux relations avec les patients. Si les personnels sont déshumanisés, c'est l'ensemble des relations à l'intérieur de l'hôpital qui perdent en chaleur et en humanité. L'hôpital s'éloigne de son essence : accueillir pour soigner. Les néomarxistes y verront la mise en concurrence du secteur public avec le secteur privé et la mise sous contrainte budgétaire de l'éducation et de la santé. C'est à côté du sujet. L'Éducation nationale n'a aucun objectif de maximisation de profits. En France, elle échappe en quasi-totalité à la logique marchande. Quant à l'hôpital, il est soumis à une tyrannie publique mais en aucun cas à un marché. Les prix (ce que l'on appelle la « T2A ») sont fixés par les pouvoirs publics, et non par le jeu de l'offre et de la demande. Et, que nous sachions, les hôpitaux n'ont pas d'actionnaires. En vérité, le secteur public a importé les dérives managériales du secteur privé parce qu'il s'est trouvé une époque où cela faisait moderne et sérieux. Il s'agit d'une erreur intellectuelle, pas d'une fatalité. Le secteur public a toujours fait preuve d'une capacité à greffer dans ses structures ce qui, dans le secteur privé, fonctionne le plus mal[1].

---

1. En France, la mouvance de la gauche radicale proche de Jean-Luc Mélenchon a voulu lancer début 2018 une webtélé « indépendante des puissances industrielles et financières ». On aurait pu penser que cette organisation échapperait à la tyrannie managériale néolibérale. Cela n'a visiblement pas été le cas. La présentatrice du journal télévisé a été licenciée brutalement, ce qui a fait l'objet d'âpres polémiques au sein de la rédaction. Preuve que la rudesse managériale est sans doute plus consubstantielle aux organisations humaines qu'à l'idéologie libérale.

Un problème d'adaptation

Cette erreur de raisonnement révèle que le piège n'est pas propre à un système économique en particulier, mais à toute organisation humaine. Le management contemporain n'est pas un vice consubstantiel au capitalisme, mais traduit un retard des croyances des dirigeants et des organisations sur l'innovation. Il n'est pas une fatalité qui nécessiterait, pour qu'on s'en débarrasse, un grand soir socialiste. Le changement exige une prise de conscience des responsables d'entreprise et le courage de réformer leurs organisations. Le drame des entreprises, c'est que leur gestion et les croyances idéologiques de leurs dirigeants, comme la passion pour la centralisation, le contrôle et la surveillance, étaient peut-être adaptées au capitalisme du XXe siècle, mais pas à celui du XXIe siècle.

Le capitalisme du XXIe siècle n'est plus celui du XXe siècle. Cette phrase ne cache pas une simple tautologie. Contrairement à ce qu'ont pu affirmer certains auteurs comme Jeremy Rifkin, l'économie mondiale ne voit pas une éclipse du capitalisme. En revanche, le capitalisme change de nature. Celui du XXe siècle était plus lent, plus industriel, plus concurrentiel que celui qui est en train d'émerger. Dès lors, il était cohérent avec des organisations de taille moyenne, relativement stables avec un grand nombre de niveaux hiérarchiques et de managers. Le personnage joué par Louis de Funès dans *La Zizanie* est irritant, mais son management paternaliste et autoritaire n'est pas inepte. Le capitalisme contemporain est en revanche oligopolistique, capitalistique et rapide.

Il n'appelle pas les mêmes organisations et les mêmes types de liens hiérarchiques qu'il y a cinquante ans. Les errements actuels du management peuvent être analysés comme les symptômes d'une mutation technologique et économique tellement profonde que les dirigeants d'entreprise peinent à en saisir les implications pour leurs organisations.

3

Adaptons le management

L'ancien modèle

Lisons ce que dit Céline du taylorisme, par la voix de Bardamu, le narrateur du *Voyage au bout de la nuit*, qui arrive aux usines Ford à New York en 1930 :

> « Ça ne vous servira à rien ici vos études, mon garçon ! Vous n'êtes pas venu ici pour penser, mais pour faire les gestes qu'on vous commandera d'exécuter... Nous n'avons pas besoin d'imaginatifs dans notre usine. C'est de chimpanzés dont nous avons besoin... Un conseil encore. Ne me parlez plus jamais de votre intelligence ! On pensera pour vous mon ami ! Tenez-vous-le pour dit. »

Le XXe siècle avait été dominé par un management « autoritaire » ou « paternaliste » qui correspondait à l'infrastructure économique d'alors. C'était le taylorisme des *Temps modernes*. Il s'agissait de définir des nœuds hiérarchiques dans les entreprises et de contraindre les collaborateurs à effectuer le plus possible de gestes mécaniques. La productivité était essentiellement quantitative (produire en plus grand nombre) et, malgré la concurrence, les entreprises étaient davantage protégées qu'aujourd'hui par des rentes technologiques. La menace vitale était, pour elles, moins pressante. Ce taylorisme était déshumanisé. C'est bien ce que montrent crûment ces lignes de Céline. Mais il était adapté à une infrastructure économique donnée. Ce qui était vrai au XXᵉ siècle ne l'est plus aujourd'hui. Les entreprises n'ont plus besoin d'individus lobotomisés comme chez Ford en 1930. Il fallait que personne n'use alors de son intelligence. C'est exactement l'inverse aujourd'hui. Les entreprises doivent valoriser l'intelligence, le courage alors que les comportements lâches sont légion et que les équipes sont apeurées. Les salariés ont besoin d'autonomie, de franchise et de sens, pas de bons sentiments, de novlangue et de jeux récréatifs.

Les managers qui lisent cet ouvrage se diront sans doute que leur pratique est éloignée de ce management du XXᵉ siècle que découvre Bardamu dans sa version la plus sèche. Peut-être le croient-ils, car, de l'intérieur de l'entreprise, il est difficile de prendre du recul. Mais, malgré de notables exceptions, c'est souvent faux. Évidemment, le droit du travail, les syndicats, la montée de la politique ont éloigné l'entreprise du modèle fordiste originel. Mais les maux de ce type de management n'ont pas complètement disparu. Ils se sont adoucis, ont emprunté de nouvelles formes et sont parés de compensations maladroites. Le management actuel est presque aussi interventionniste que celui du XXe siècle tout en étant paré de bons sentiments et de gadgets qui génèrent des injonctions contradictoires. Comment, par exemple, être autonome quand on perd ses journées en *reportings* et en réunions à rallonge ? Si vous dirigez une entreprise, réfléchissez à cela : si, dès lundi prochain, vous divisez par deux le nombre de réunions hebdomadaires de l'ensemble de vos collaborateurs, pensez-vous que votre entreprise s'en portera plus mal ? Évidemment non. Vous ne courrez aucun risque. Plus de 60 % des entreprises souffrent d'un excès de réunions et moins de 15 % d'une insuffisance.

Un nouveau modèle positiviste

Dans la première de ses *Leçons de philosophie positive*, en 1830, Auguste Comte expose sa « loi des trois états », qui nous semble constituer une excellente grille d'analyse pour percevoir d'où vient le management et vers où il devrait aller pour être plus efficace et respectueux des individus[1]. Ces états correspondent à trois âges du monde, de l'histoire et de l'homme. L'état théologique, le premier, veut tout expliquer par les causes premières et finales. Les dieux sont à l'origine de ce qui advient. Si un orage tonne, c'est que Zeus est en colère. Cet âge correspond chez l'homme à celui de l'enfant qui croit à des puissances surnaturelles. Cet état de l'humanité correspond au

---

1. Auguste Comte, *Cours de philosophie positive*, Nathan, 1989.

premier type de management, le plus infantilisant, celui où le patron est l'équivalent d'un dieu. Tout ce qui advient provient de son action puissante. Les salariés lui doivent, tels des enfants, obéissance et soumission s'ils veulent conserver leur emploi et leur identité sociale. Le patron fait la pluie et le beau temps : il embauche qui lui semble bon d'embaucher et accorde les congés payés selon son bon vouloir. Il recrute comme il renvoie : sur-le-champ.

Le deuxième état, pour Comte, est l'état métaphysique qui correspond à l'adolescence. Les dieux ordonnateurs des phénomènes du monde sont progressivement remplacés par des entités abstraites. La nature ou la matière expliquent, sans l'aide de l'intervention divine, l'ensemble des phénomènes physiques. Dans les entreprises, responsables et managers se cachent derrière des formules et invoquent « la complexité », « la guerre économique », « les marchés », « la mondialisation », « le système », en somme un ensemble de concepts explicatifs… Si tout va mal, ce n'est plus à cause du patron mais du monde moderne, du capitalisme, de la complexité ou du système.

Avec ce deuxième âge, l'entreprise est passée d'un management théologique, paternaliste et tayloriste, où les résultats sont produits par les actions directes des salariés soumis aux ordres du patron, à un management métaphysique où les grandes abstractions ont pris le pouvoir. Cet âge nous semble obsolète, à supposer qu'il ait été autre chose. Pour être plus efficaces, les entreprises doivent abandonner l'autoritarisme de l'époque du management paternaliste et la métaphysique du management contemporain, empreint de généralités, de bons sentiments et de grands concepts (leadership, intelligence collective, bienveillance, transparence…). Mais alors, dans quelle direction se mouvoir ?

Vers le troisième état d'Auguste Comte : l'état « positiviste », qui n'a évidemment rien à voir avec le fait d'être « positif » ou « optimiste » comme il est benoîtement conseillé à longueur d'ouvrages de développement personnel. Il faut entendre ici par « positif » ce qui est utile, réel, concret, par opposition à ce qui est seulement abstrait et conceptuel. L'esprit positif au sens philosophique, celui qui correspond à l'âge adulte de l'humanité, ne doit plus chercher les causes premières auxquelles il n'a pas accès mais identifier les lois effectives gouvernant les phénomènes. Il valorise le « comment » à la place d'un « pourquoi » parfois naïf quand il n'a rien d'autre à invoquer que des causes explicatives très générales. Qu'est-ce qui fonctionne ? Comment être le plus efficace possible ? Telles sont les questions qui l'animent. Le management métaphysique stationne sur des postures, des poncifs, des programmes, des idéaux, des méthodes, des formations globales, des procédures aberrantes, des titres abscons, des fonctions insensées, une administration pachydermique. Le management « adulte » est plus pragmatique, simple, agile, souple. Il exige le courage, rarement présent dans nos entreprises. Il cherche moins le politiquement correct que l'économiquement efficace. Il évite la lâcheté verbale et comportementale. Il dit aux salariés ce qui va et ce qui ne va pas sans convoquer des armées d'intermédiaires et sans se parer dans une novlangue conceptuelle. Pour ne pas tomber dans un pragmatisme épuisant qui n'aurait pas de sens, il doit absolument être au service d'un projet, celui, bien concret et collectif, de l'entreprise. Le pragmatisme sans projet n'est rien. Définalisé, il reste une posture. Le management « adulte », positiviste, adapté, est celui de l'autonomie au service d'un objectif sensé. Les entreprises du XXIe siècle doivent, pour ce faire, valoriser cinq qualités : la capacité à innover, l'audace, l'efficacité, le courage et la réflexion. Elles doivent être capables d'attirer des personnes qui disposent de ces qualités et les laisser prospérer. C'est ce à quoi le management « positiviste » doit impérativement aboutir.

4

Concilions technologie
et humanisme

Soyons complémentaires
de la technologie

« Innovation » est le terme le plus récurrent dans le vocable de l'entreprise contemporaine. Tout doit être innovant : les produits, le management, les locaux, le distributeur de canettes. Malheureusement, il est plus facile de faire des travaux dans les bureaux que de faire évoluer la gestion des ressources humaines. La façade change plus souvent que le management. Pourtant, les entreprises ont bien conscience du péril. La plupart des dirigeants perçoivent les tenants et les aboutissants de la mutation du numérique, de la robotique et de l'IA. Mais les organisations sont en béton armé. Au fond, est-ce que l'approche des ressources humaines, en pratique, a beaucoup évolué depuis quinze ans ? Certes, pour valoriser la créativité, on invite désormais des professeurs de yoga ou des thérapeutes en tous genres, la « détente » étant visiblement le préalable à tout effort un peu soutenu. Sérieusement, est-ce à la hauteur de l'enjeu ?

La vague d'innovations qui restructure le tissu économique fait pleinement jouer ses effets schumpétériens. Certains métiers disparaissent et d'autres apparaissent[1]. Surtout, les métiers évoluent. Ceux qui vont disparaître sont ceux que la machine copie avec succès. Le même raisonnement vaut pour les tâches qui composent un métier. L'homme peut désormais concentrer son énergie dans trois directions : 1. Créer la technologie, la programmer, la diriger ; 2. Coopérer avec la technologie en adoptant une vision holistique des problèmes ; 3. Faire ce dont la technologie est incapable (les interactions sociales). Ce sont donc ces compétences que les ressources humaines doivent valoriser. Cette affaire n'est pas un jeu, pas même un *serious game* comme on en voit dans les séminaires d'entreprise. Il s'agit de réussir à s'épanouir dans l'économie du XXIe siècle.

Les machines ne savent pas encore concevoir et produire des machines. Il faudra attendre pour assister à cela que l'intelligence artificielle forte, qui aura conscience d'elle-même et jouira d'une large liberté métaphysique, advienne (sans doute pas avant trente ans). En attendant, les métiers de concepteurs, ingénieurs, designers, dans les entreprises productrices de technologies, resteront très

---

1. *Cf.* Nicolas Bouzou, *Le travail est l'avenir de l'homme*, Éditions de l'Observatoire, 2017.

demandés. Ceux qui les occupent sont en général titulaires de diplômes prestigieux, parlent plusieurs langues et sont des citoyens du monde. Leur productivité et leurs rémunérations sont élevées. Ils composent ce capital humain que les entreprises qui visent l'excellence doivent se donner les moyens d'attirer. Rares sont les entreprises qui, aujourd'hui, peuvent faire l'impasse sur la technologie.

Envisageons un exemple concret : le département du service marketing d'une grande marque de biens de consommation. Dans ce type d'entreprises, les réunions s'enchaînent, les process pompent l'énergie des collaborateurs, les managers sont nombreux et pas toujours souriants. Ces trois caractéristiques interagissent les unes sur les autres. Le marketing est au cœur d'une transformation radicale. Aujourd'hui, ce département produit des études à destination de la direction générale. Demain, l'interprétation du big data par l'intelligence artificielle aura tué le business classique des études marketing. Pourquoi poser des questions plus ou moins pertinentes à des consommateurs qui ne répondent pas toujours la vérité et qui ne peuvent pas deviner ce qu'ils feront lorsqu'ils seront réellement confrontés à un acte d'achat, alors que des milliards de données peuvent être directement exploitées par des algorithmes ? Le département marketing fera travailler des ingénieurs extérieurs à son service. La valeur ajoutée du département résidera dans sa capacité à dialoguer correctement avec les spécialistes du big data et des algorithmes et dans la pertinence de ses conseils en direction des dirigeants de l'entreprise. Les compétences clés seront la capacité à formuler une problématique, la créativité, l'audace et le courage de prodiguer des conseils intelligents et de convaincre qu'ils sont pertinents. Point besoin de réunions d'organisation pour cela mais de beaucoup de travail individuel, de coopération avec l'extérieur du service et d'échanges libres à l'intérieur du service.

Les nombreux métiers dont une partie est automatisable par la convergence numérique-robotique-Intelligence Artificielle vont devoir apprendre à traiter ces technologies comme des outils complémentaires des compétences humaines. Les secteurs qui utilisent les technologies d'IA depuis le plus longtemps, comme l'aéronautique et l'armée, savent que la combinaison machine-humain est celle qui permet de produire le plus de sécurité. Les avions de ligne modernes embarquent depuis des décennies des outils qui permettraient à un avion de voler quasiment seul, comme un drone préprogrammé. Simplement, il est des circonstances dans lesquelles cette préprogrammation devient un piège. L'homme, grâce à sa liberté, est capable de réagir dans n'importe quelle situation contextuelle. Il peut faire face, certes avec un succès inégal, à des situations d'incertitude radicale (non probabilisable). On dit que les hommes échouent plus souvent que les machines, ce qui est vrai. Mais cela n'infirme pas l'idée selon laquelle l'efficacité optimale s'obtient par combinaison de matière artificielle et biologique. L'homme peut s'adapter et il est capable d'embrasser une vision holistique, systémique. Ce sont ces qualités qu'il doit renforcer et valoriser : voir largement, penser globalement.

Aussi, les entreprises doivent, pour ce faire, cultiver l'intuition, laquelle n'a rien à voir avec le « feeling » facile. L'intuition est la saisie rapide du sens d'une réalité. Elle est l'immédiateté d'un regard qui prend sa source dans l'expérience et les connaissances déjà acquises. Intuitionner, c'est utiliser sans y penser le condensé des connaissances sédimentées en nous au cours de nos multiples expériences. Pour prendre une décision, ce qui restera la prérogative fondamentale des managers et des collaborateurs, il sera indispensable de recourir conjointement à la pensée discursive (qui discerne en procédant par étapes, ce que l'IA fera de plus en plus) et à la pensée intuitive (qui capte d'un seul coup).

Les formations et le management classiques formatent les individus plus qu'elles ne les rendent performants. Mais dans dix ans, les entreprises n'auront plus besoin de profils façonnés par les process et les normes ! Elles doivent se débureaucratiser et valoriser l'individu pour laisser s'exprimer une créativité rigoureuse et intelligente.

Sanctionnons les comportements inhumains

Les entreprises doivent sensibiliser les collaborateurs à l'importance des humanités pour embrasser le monde, le problématiser, le penser. Elles doivent aussi encourager l'empathie, la discussion, la collaboration, et c'est au management de donner l'exemple. Les petits chefs, tyrans et pervers narcissiques doivent être traqués et mis hors d'état de nuire. Nous avons plusieurs fois croisé ces dernières années des managers qui ne disaient pas bonjour aux personnes qu'ils rencontraient dans leur entreprise, visiblement trop absorbés par une réflexion de haute volée qui leur faisait plisser le front mais oublier un geste de politesse élémentaire. Ne pas dire bonjour à un collaborateur, c'est le considérer comme un objet. On ne parle pas aux objets, mais aux êtres vivants. Même à notre chat ou notre chien le matin au réveil. Un manager qui ne salue pas signifie aux salariés qu'ils ne valent pas mieux qu'une machine et qu'il est légitime de se comporter de cette façon avec des clients ou des fournisseurs. En plus d'être une faute morale, c'est une bêtise intellectuelle. Soit ces managers apprennent la politesse que leurs parents ne leur ont pas transmise, soit ils quittent l'entreprise.

Une salariée d'une entreprise nous a rapporté l'épisode suivant. Un manager réunit ses collaborateurs pour un séminaire autour du thème « Qu'est-ce qu'une équipe ? ». Chacun doit écrire sa réponse sur un Post-it. Le manager dépouille les votes et inscrit les résultats sur un *paperboard*. Puis il les énumère (« vision commune », « collaboration », « enthousiasme partagé »...). Il s'adresse enfin à l'équipe en désignant un collaborateur : « Tu manques de ces qualités, c'est pourquoi l'équipe décide qu'il faut réfléchir à la fin de notre collaboration. » Qui peut penser que ce sadisme soit efficace ? Ceux qui sont pervers à l'égard de leurs collaborateurs le seront avec les clients. Ce ne sont pas les collaborateurs dont l'entreprise a besoin au XXIᵉ siècle.

Les entreprises dans lesquelles on rencontre ce type de comportements sont souvent celles qui prétendent remettre « l'humain au centre ». On y trouve de « l'humain » partout, dans chaque présentation, en guise d'introduction magistrale et de conclusion triomphale… C'est le « sujet » à la mode démagogique, et pour cause : personne ne peut être contre. Tantôt facteur (facteur humain), tantôt ressource (ressources humaines), il est toujours « au centre » (voire au cœur !), même s'il reste factuellement discret. Quand il manque, on le « réinjecte » (réinjectons de l'humain), formulation qui fait froid dans le dos…

Mais qui est-il, cet humain ? De qui parlons-nous sous cette généralisation ? Un humain est un être singulier, qui se définit par ses racines, ses caractéristiques propres, ses qualités, qui en font un individu unique. L'humain n'a d'existence que singulière. À l'inverse, l'humain généralisé des entreprises et des discours démagogiques est un mythe, une abstraction, un mot-valise. Il est *Un homme sans qualités*, pour reprendre le titre du roman de Robert Musil, ou avec les mêmes qualités que tous, ce qui revient au même puisqu'une qualité identique chez tous n'en est plus une. C'est l'humain de l'égalité, de l'homogénéité, et non plus celui de la différence (curieux paradoxe de notre époque qui se prétend pourtant favorable à la diversité)… Cet humain abstrait que certaines entreprises brandissent sans cesse n'est-il pas justement l'exact contraire de l'humain concret ? Un humain déshumanisé, parce que nié dans sa singularité, et dans sa pensée ? Les compétences clés du XXIe siècle sont les plus humaines, bien sûr. C'est pourquoi leur valorisation passe par des actes concrets et non par des discours généraux, démagogiques et bien-pensants.

5

Reconsidérons l'entreprise

L'entreprise, pour le meilleur et pour le pire

L'entreprise demeure une institution centrale dans nos sociétés. C'est la raison pour laquelle la question du management est si évocatrice. C'est la raison pour laquelle, avec nos amis, le vendredi soir, devant une bière ou un verre de vin rouge, la conversation roule sur l'entreprise, le travail, les problèmes de relations humaines. Presque systématiquement, les petits chefs sont bêtes et tyranniques, les managers intermédiaires sont incompétents et les dirigeants n'ont pas de vision. Heureusement, l'entreprise reste un endroit idoine pour nouer des relations amicales, coucher avec des collègues et même pourquoi pas tomber amoureux, se marier, faire des enfants... Cela arrive assez souvent en fait. Mais parfois, l'ambiance est glaciale et, dans les grandes entreprises surtout, les silos isolent les personnes. L'entreprise devient alors cet endroit où le collectif est valorisé à marche forcée mais où la spontanéité des relations humaines, professionnelles ou personnelles, est impossible. L'entreprise, qui devrait incarner la liberté économique, l'audace, l'innovation, devient une prison.

Dans son roman *Je vais mieux*, publié en 2013, David Foenkinos raconte l'histoire d'un architecte pris d'un soudain mal de dos auquel les radios et les IRM ne trouvent pas de cause biologique. Le personnage principal est harcelé par un collègue qui le pousse à la faute pour emporter les meilleurs dossiers du cabinet d'architecture. Il trouve un début de solution à son mal de dos (un début seulement) quand il casse le nez dudit collègue, le laissant à terre, ensanglanté dans les bureaux, à la stupéfaction des collaborateurs, étonnés de cet abandon de lâcheté, et heureux que justice soit faite. « Pendant l'agression, j'avais laissé quelqu'un d'autre parler à ma place, celui qui avait comptabilisé avec précision la somme des provocations que j'avais subies [...]. J'avais passé des radios, une IRM, cherchant désespérément une raison à ma souffrance, alors que je vivais au quotidien avec le responsable. Quand on a mal, il suffit parfois d'ouvrir les yeux, et de regarder autour de soi. »

La vie en entreprise, quand elle se passe mal, abîme la vie des salariés. Il serait facile d'incriminer leur paresse ou leur manque de capacités. Ce serait simple, mais intellectuellement insatisfaisant. Et à la limite, peu importe. Qu'une majorité de salariés porte un regard négatif sur le management et la direction de l'entreprise pose un problème pour sa compétitivité et sa pérennité.

L'entreprise, au cœur de nos sociétés

Que l'entreprise reste au cœur de nos sociétés peut sembler évident, mais ne l'est pas. Il n'est pas rare d'entendre parler de la fin de l'entreprise corrélativement à l'explosion du travail indépendant. Pour certains, les technologies du numérique et de l'IA rendent les organisations caduques[1]. S'ouvrirait une ère de coopération entre les individus où les entreprises ne seraient même plus nécessaires. Le contrat se substituerait à la hiérarchie. Cette assertion nous semble largement fausse. L'entreprise va demeurer, pour le pire ou le meilleur, un espace de travail pour la plupart des individus.

Certes, la mutation technologique facilite le recours au travail indépendant. Le prix Nobel d'économie 1991, Ronald Coase, dans un article fondateur publié en 1937, « La nature de l'entreprise », explique pourquoi. Il existe, dans l'économie, deux systèmes de coordination : le marché et l'entreprise. Le fonctionnement du marché repose sur la liberté des prix, qui équilibrent l'offre et la demande. L'entreprise repose sur des liens de subordination contractuels qui passent outre au système des prix : un dirigeant achète une fois pour toutes les services d'un salarié et le rétribue d'un salaire versé chaque mois. Il n'achète pas ses compétences au coup par coup. C'est la raison pour laquelle il doit le manager. Avec un

---

1. Frédéric Fréry envisage la disparition des entreprises dans « Le management 2.0 ou la fin de l'entreprise », *L'Expansion Management Review*, février 2010.

peu d'esprit d'abstraction, une économie sans entreprise est concevable. Pour construire un immeuble, un promoteur immobilier ferait appel à une multitude de travailleurs indépendants dont il dirigerait le travail. À l'inverse, on peut imaginer un monde sans marché, où une seule entreprise régirait toute l'économie. Certains commentateurs craignent que Google, Facebook, Amazon, Alibaba ou Tencent puissent, dans quelques années, remplir cette fonction. La réalité s'est toujours trouvée entre ces deux extrêmes : le marché total et l'entreprise totale. Ronald Coase donne les raisons de cette ligne de partage en introduisant la notion de coûts de transaction. Acquérir des biens, des services ou des compétences sur un marché est coûteux : il est nécessaire de se renseigner sur la qualité et la disponibilité de ce dont on a besoin, de nouer des contrats, éventuellement de contracter une assurance. Passer par le marché permet une grande flexibilité, mais peut s'avérer compliqué. Organiser une entreprise présente des avantages et des inconvénients d'un type différent. En recrutant un salarié, on peut « en disposer ». Une fois que son contrat est établi et signé, on peut lui affecter des tâches comme on le souhaite, dans ce cadre contractuel. En même temps, au fur et à mesure de la croissance de l'entreprise, il est de plus en plus difficile de coordonner les actions de ses salariés et d'affecter son capital. Comment être certain que cette machine soit bien utilisée ? Si je la louais, j'aurais bien une idée de son coût aujourd'hui et de sa valeur. Mais, l'ayant achetée il y a dix ou quinze ans, je ne sais plus ce qu'elle vaut ; j'éprouve une difficulté à l'employer de façon économiquement rationnelle. Passer par le marché ou par une organisation comme l'entreprise pose donc des difficultés de natures différentes : de coût d'un côté, d'organisation de l'autre.

Oliver Williamson, qui a reçu le prix Nobel d'économie en 2009, a prolongé à partir des années 1970 les travaux de Ronald Coase en précisant dans quels cas l'entreprise était préférable au marché[1]. Williamson pose deux hypothèses : d'une part, les agents économiques font preuve d'une « rationalité limitée ». Dans un environnement complexe, il leur est impossible de tout prévoir et de tout contractualiser ; d'autre part, les agents économiques sont « opportunistes ». Comme un contrat ne peut prévoir toutes les situations, il est possible pour certains individus de favoriser leurs intérêts au détriment de l'entreprise dont ils sont les salariés. Williamson démontre que l'entreprise est préférable à la coordination par le marché dans des environnements complexes et instables, par exemple quand les technologies changent et quand il faut recourir à des investissements spécifiques. De tels investissements ne peuvent pas facilement être achetés à l'extérieur de l'entreprise. Quand Elon Musk a voulu concevoir des fusées réutilisables, il n'a pas pu ni voulu sous-traiter grand-chose. Son innovation était si complexe qu'elle ne pouvait naître que de SpaceX, sa propre entreprise.

1. *Cf.* Oliver Williamson, « *Transaction Costs Economics: the Governance of Contractual Relations* », *Journal of Law and Economics*, 22, 1979.

Le salariat reste la règle

On aurait pu imaginer la fin de l'entreprise, du salariat et de l'aliénation. Plus de patron : la liberté du travail à défaut de temps libre. On aurait pu imaginer, avec la montée en puissance d'Internet à partir de la fin des années 1990, que le marché et les relations contractuelles entre les individus par le biais des plateformes allaient gagner du terrain relativement à l'entreprise. En effet, Internet a eu pour conséquence de réduire considérablement les coûts d'information et a donc, dans certains secteurs, permis une diminution de la taille des entreprises. Pour être économiste dans les années 1990, il était nécessaire d'acheter des bases de données onéreuses que, dans les faits, seules les grandes compagnies financières et les universités pouvaient se procurer. À partir des années 2000, le coût de ces statistiques et de ces informations a chuté, laissant le champ libre à de nouveaux entrants. À l'intérieur des entreprises, Internet a également permis une fluidification de la circulation de l'information entre des équipes resserrées et organisées par projets. Les entreprises, autrefois verticales, se sont « horizontalisées », mais sans anéantir la hiérarchie.

Malgré ces évolutions technologiques, l'entreprise n'a pas disparu et le travail indépendant n'est pas devenu la règle. En France, 2,8 millions de travailleurs non salariés sont référencés par l'Insee, soit 12 % de la population active. Dans l'Union européenne, cette part s'élève à 15 % en moyenne, un peu moins qu'aux États-Unis. Dans les pays de l'OCDE, la France et le Royaume-Uni sont les économies où le nombre de travailleurs indépendants a le plus augmenté ces dernières années. Il a reculé aux États-Unis, en Corée, en Espagne, en Suède et en Italie, et augmenté moins rapidement en Allemagne et au Canada. L'entreprise Uber est souvent utilisée par la presse comme un emblème de cette mutation. En France, cette plateforme fait travailler, grâce à des algorithmes qui remplacent les fonctions humaines de mise en relation, près de 20 000 travailleurs indépendants. Mais Uber officie dans un secteur utilisant depuis longtemps des travailleurs indépendants. L'entreprise californienne n'a pas révolutionné les formes d'emplois dans le transport avec chauffeur. Des entreprises emblématiques comme Amazon font travailler un grand nombre d'indépendants (pour livrer des colis), mais le salariat résiste pour des raisons expliquées par les théories de Coase et de Williamson : d'une part, l'entreprise reste le meilleur moyen de coordonner des actions humaines quand on vise un projet d'ampleur ; d'autre part, dans cette période de destruction créatrice, l'économie devient plus complexe et les marchés plus incertains. La question du management reste entière parce que l'entreprise est nécessaire.

6

Parions sur l'autonomie

Vers un salariat rénové

Le salariat va perdurer mais en se transformant. Quelle aubaine pour les salariés, qui pourront gagner en autonomie. C'est toute leur vie qui va changer ! Le salariat a émergé au XIXe siècle comme moyen de concilier les intérêts des capitalistes et des travailleurs. L'industrialisation et le travail en usine avaient conduit les individus à quitter leurs villages et leurs attaches familiales pour rejoindre les villes. Les salariés voulaient être payés au temps de travail et non plus à la pièce comme autrefois. Ils y voyaient une progression de l'idée de justice. En contrepartie, les entreprises voulaient contrôler la présence de leurs salariés et la quantité de travail fournie. Le salariat permettait de définir en un seul contrat un lien de subordination, un type de travail, un lieu de travail et un temps de travail.

Une nouvelle temporalité

La convergence numérique-robotique-IA, en automatisant les tâches répétitives, rend progressivement obsolète cette notion de temps de travail. En effet, dans un monde industriel et normalisé où les individus répétaient les mêmes gestes, on pouvait définir un lien entre un nombre d'heures de présence et une quantité voire une qualité de travail. Les ouvriers s'acquittaient de tâches définies et contrôlables. Il était possible de prévoir qu'en une heure un ouvrier pouvait placer un nombre précis de pièces sur une chaîne de montage. Mais aujourd'hui, la capacité à innover, à être audacieux, à générer des idées intelligentes, à sublimer l'expérience client n'est plus directement liée à un temps de présence sur un lieu donné. La quantité de travail importe, mais c'est au salarié « autonome » de déterminer quand et où il travaille le mieux. L'entreprise moderne fixe un but et ses dirigeants établissent une stratégie, des objectifs intermédiaires et des règles de fonctionnement le plus générales possible. Le reste doit être laissé à l'appréciation des collaborateurs. Les managers doivent agir comme des ressources et non comme des contrôleurs. Ils doivent consacrer leur temps à préciser le projet et à lever des obstacles et non à ajouter des contraintes, comme ils le font encore souvent. Bertrand Martinot, l'un des meilleurs spécialistes français de l'emploi, évoque un temps de travail « du troisième type », entre le temps passé dans l'entreprise et la déconnexion totale. Il s'agit d'une zone grise d'où peuvent survenir les idées les plus géniales pour l'entreprise, c'est-à-dire pour le projet commun.

Plus une seule entreprise ne devrait utiliser de Smartphones badgeurs, ces pointeuses 2.0 qui permettent de surveiller les heures d'entrée et de sortie des collaborateurs. Imagine-t-on sérieusement des collaborateurs brillants, les plus nécessaires à la réussite du projet de l'entreprise, accepter de passer leur i-badge devant une pointeuse le matin et le soir ? Le contrôle est avant tout une machinerie à faire fuir les meilleurs. Nous nous sommes rendus récemment dans le siège parisien de l'un des plus grands cabinets de conseil, membre du fameux club des *big five*, ironiquement expert en « décomplexification », où les consultants devaient pointer également lors de leurs sorties dans la journée, pour déjeuner à l'extérieur ou faire une course[1]. Soyons honnêtes : les entreprises ne sont pas toujours les seules responsables. En France, le droit du travail, croyant protéger les travailleurs, les enferme dans un univers carcéral. En obligeant les entreprises à limiter le temps de travail à l'intérieur de trente-cinq heures, on les oblige à contrôler les entrées et les sorties des collaborateurs, faute de mieux. Législation d'un autre temps, management d'outre-tombe. En outre, l'entreprise, plombée par la peur, redoute d'être responsable d'un accident de travail qui lui coûterait cher. Contrôler revient non seulement à calculer le temps de travail, mais aussi à identifier

---

1. La « décomplexification », prisée des consultants en entreprise, pourrait commencer par celle des mots employés. Pourquoi ne pas parler de « simplification » ? Les mots font-ils si peur qu'il faudrait tout faire pour ne pas être compris ?

la responsabilité en cas d'accident. Le légalisme et la peur l'emportent sur la liberté. Mais dans quel type de société souhaitons-nous travailler ? Une société étriquée dans des réglementations et asphyxiée par un trop-plein de légalisme ou fondée sur l'autonomie et la confiance ?

Évitons l'idéologie du contrôle

Une histoire relatée dans la revue *Mouvement RH* en janvier 2018 a particulièrement attiré notre attention :

« BETC : une mobilité hautement digitalisée
Depuis le début de l'été 2016, l'agence de publicité BETC a installé ses quartiers dans les anciens bâtiments industriels des Magasins Généraux à Pantin, sur les berges du canal de l'Ourcq. Après de longs mois de rénovation, les bâtiments de béton et de verre ont été percés de jardins et patios et largement ouverts sur la ville. Le rez-de-chaussée, entièrement dédié aux services avec l'installation de plusieurs cafés, d'un restaurant, d'un supermarché et d'un espace d'exposition est d'ailleurs entièrement accessible au public. Les étages supérieurs sont réservés aux espaces de réunion et aux postes de travail qui, contrairement aux règles classiques du Flex Office, sont ici deux fois plus nombreux que le nombre de collaborateurs. Pour faciliter le repérage des salariés sur le site, tous ont été équipés de téléphones mobiles professionnels faisant office à la fois de badges d'accès et d'outils de géolocalisation. S'y ajoutent également des applications de réservation de salles et de messagerie interne. Balançant entre lieu de vie et de travail, espaces de

travail individuels et collectifs, liberté et connexion permanente, ces nouveaux locaux ne devraient pas manquer de retenir et d'attirer les talents de la génération Y. C'est en tout cas l'objectif affiché par les dirigeants de l'Agence. »

Comment le fait d'être badgé pourrait-il attirer les talents ? Pourquoi parler de liberté alors qu'il s'agit d'un « repérage » (le terme figure explicitement dans le texte) de chaque instant ? Le badge des salariés contient souvent une puce informatique. Il sert à connaître l'heure d'arrivée et de sortie des salariés, les absences, la durée des pauses-cigarette et parfois du déjeuner. Il est aussi utilisé à des fins de sécurité. Parfois, elles sont légitimes, pour combattre l'espionnage industriel, par exemple. Parfois elles le sont moins, pour vérifier que les employés du service comptabilité ne pénètrent pas dans la partie réservée à la direction générale. Le badge est alors au service de silos qu'il faudrait abattre. Dans l'idéal, les badges pourraient être discrets, et se limiter au prénom, au nom et à la fonction occupée par le collaborateur. Mais, dans les faits, ils sont énormes et les intitulés de poste incompréhensibles. Les entreprises se gargarisent d'autonomie et d'innovation, mais, au-delà des contraintes légales, elles restent attachées à une idéologie du contrôle et de la surveillance, difficilement compatible avec l'entreprise efficace du XXIe siècle. Les modalités du contrôle évoluent avec la technologie. Mais une technologie « sympa » ne fait pas un contrôle « sympa ».

Affranchissons-nous de la norme

L'exemple qui précède constitue une illustration quasiment pure et parfaite de l'ère disciplinaire décrite par Michel Foucault dans *Surveiller et punir* dès 1975. Le régime disciplinaire met en œuvre plusieurs opérations distinctes : « Référer les actes, les performances, les conduites singulières à un ensemble qui est à la fois champ de comparaison, espace de différenciation et principe d'une règle à suivre[1]. » L'entreprise n'évoque pas toujours explicitement des règles à suivre. Elle n'en a bien souvent même pas conscience. Mais ses collaborateurs sont soumis à la contrainte d'une conformité à une norme. Voilà l'assujettissement invisible et impalpable que les salariés ressentent sans toujours en avoir conscience.

Cette contrainte est celle de l'homogénéisation et de la normalisation dont le contrôle est facilité par la technologie. Les comportements « non normalisés » sont visibles et par là même excluants : « Le succès du pouvoir disciplinaire tient à l'usage d'instruments simples : le regard, la sanction normalisatrice et leur combinaison dans une procédure qui lui est spécifique : l'examen[2]. » L'entreprise devient un observatoire dont découle l'assujettissement. Il ne s'agit plus du pouvoir visible, individualisé et autoritaire, qui correspond au premier âge de management décrit précédemment, mais d'un pouvoir désindividualisé, désincarné, qui agit par l'effet d'une visibilité générale (panoptique : qui voit tout).

---

1. Michel Foucault, *Surveiller et punir*, Gallimard, 1993.
2. *Ibid.*

Sur les campus d'entreprises les plus récents, l'architecture des bureaux répond à cette exigence de visibilité. Tout est vitré pour être transparent. Tout devient visible et observable, on ne peut plus se cacher ailleurs qu'aux toilettes. Les bâtiments ne sont plus faits pour être vus eux-mêmes pour la beauté d'une architecture, mais pour mieux voir, pour rendre visibles ceux qui s'y trouvent. La surveillance et la transparence deviennent ainsi des opérateurs économiques. Ce pouvoir disciplinaire que décrit Foucault est paradoxal : d'un côté, il est absolument indiscret puisqu'il est partout en ne laissant aucune zone d'ombre, et de l'autre, absolument discret puisqu'il n'est détenu par personne et fonctionne en silence. Il rend visible en étant invisible : les salariés s'y soumettent en n'obéissant à personne.

La lourdeur de l'entreprise n'est donc pas simplement administrative ; elle est aussi et surtout normalisatrice. Les salariés sont contraints de faire converger leurs comportements et leurs apparences, y compris vestimentaires, car la norme est le signe d'appartenance à un corps social homogène. Le problème, c'est que cette sanction normalisatrice peut étouffer les collaborateurs et diminuer leur capacité à créer, à prendre des initiatives, à innover et tout simplement à agir. Cette procédure d'objectivation est pesante, car elle est permanente même quand le contrôle est discontinu. Il suffit de savoir que nous sommes observables pour nous comporter comme si nous l'étions. La possibilité d'échapper à l'observation et à la normalisation explique en partie l'appétence pour le télétravail, qui est moins due au gain de temps obtenu en évitant les trajets qu'à la sensation de ne plus être directement visible. La libération que procure le télétravail est une déréification dans la mesure où le salarié n'est plus observé ni observable en permanence. Il se sent libéré, même s'il travaille autant sinon plus qu'à son bureau. Il n'est plus le sujet d'une surveillance, il n'est plus l'objet d'un savoir. C'est ce qui explique l'engouement actuel pour ce mode de travail et pour les statuts d'indépendants.

... et de la cage dorée

Les entreprises, obsédées par la surveillance, restent encore réticentes à l'idée de laisser les salariés libres de leurs mouvements. Plutôt que de parier sur l'autonomie, elles sont tentées d'absorber la totalité de la vie de leurs collaborateurs. De plus en plus d'entre elles se dotent d'une crèche, d'une conciergerie, de plusieurs restaurants, de salles de jeux, de sport, de pressings, de salles de sieste, de psys, de diététiciens, d'ostéopathes, etc. Ces « campus » portent en eux une contradiction. L'entreprise exige de ne pas mélanger vie professionnelle et vie privée. Elle affirme que la vie privée ne doit pas empiéter sur le travail et assure respecter l'intimité de ses salariés. Et pourtant, dans ces campus, tout est fait pour intégrer la vie dans le travail, pour faire en sorte que le travail devienne le lieu de vie par excellence. Le pouvoir des entreprises devient ainsi un « biopouvoir » (*bio* est un mot grec qui signifie « vie »). L'entreprise, en proposant tous types de services pour ses collaborateurs, y compris les plus privés, empiète sur leur espace intime. Cet empiétement ne mènera jamais au bonheur. Ces cages dorées sont des injonctions au bonheur et au bien-être, mais servent surtout à « gérer » intégralement le salarié. C'est une forme de collectivisme qui ne mènera en rien à la performance ou au bonheur. La preuve ? Malgré des espaces de travail de plus en plus « agréables », il n'y a jamais eu autant de burn-out, *bore-out*, *brown-out* et dépressions qu'aujourd'hui. Plutôt qu'enfermer les collaborateurs dans des espaces convenus qui se ressemblent tous, les entreprises devraient les libérer davantage, en leur laissant emprunter des chemins personnels.

Élargissons le lieu de travail

Tout comme le temps de travail, la notion de lieu de travail perd sa pertinence au XXIe siècle. Souvenons-nous de cette phrase d'Alvin Toffler : « L'une des choses les plus improductives de notre époque est de déplacer chaque matin des millions de personnes vers des zones de travail puis chaque soir vers leur domicile[1]. » Les individus travaillent de plus en plus loin de leur bureau, à la maison ou ailleurs. Évidemment, cette déconnexion entre le travail et le bureau ou la boutique n'est pas généralisable au commerçant ou au restaurateur. Mais chacun peut voir, dans le TGV ou l'avion, des gens les yeux rivés sur des tableaux Excel à n'en plus

---

1. Alvin Toffler, *Le Choc du futur*, Gallimard, 1987.

finir. S'ils peuvent travailler ainsi dans les transports, que les entreprises les laissent davantage le faire chez eux.

Aujourd'hui environ 25 % des salariés pouvaient télétravailler au moins un jour par semaine. Évidemment, le télétravail total n'est pas indiqué. Une entreprise est une organisation verticale au service d'un projet. Elle a besoin de temps collectifs de cohésion. Mais ces moments doivent se réduire à l'indispensable. Rien n'indique qu'on travaille mieux dans un *open space* que chez soi. Rien n'indique qu'on travaille moins chez soi qu'en *open space*. Il faut laisser cette liberté aux salariés. Elle ne coûte rien, sauf pour ceux qui emploient des collaborateurs paresseux qui n'ont pas à rester dans l'entreprise. Le management du XXIe siècle devra mettre fin à cette surveillance, à cette lisibilité permanente, à ce repérage qui rend le salarié mesurable, calculable, connaissable, en remplaçant la transparence, la traçabilité et l'enregistrement permanent par la confiance et le courage de se séparer de ceux qui ne veulent pas travailler ou à qui l'entreprise ne peut pas faire confiance.

Pour un salarié autonome

Nous plaidons pour l'autonomie dans les entreprises comme moyen, partiel mais efficace, de lutter contre le désengagement des salariés. Le management du XXIe siècle doit miser sur l'autonomie des individus pour augmenter leur performance. Ce projet simple est pourtant révolutionnaire tant il est éloigné des pratiques courantes. Mais soyons toutefois vigilants quant aux confusions sémantiques.

L'autonomie n'est pas la liberté. Dans une démocratie libérale, chacun doit être libre de mener sa vie comme il l'entend, dans le cadre des règles édictées par l'État de droit. Chacun se fixe des objectifs individuels, à charge pour la société de lui donner les moyens de les atteindre. Dans une économie fluide et en croissance, ce qui est aujourd'hui la règle dans les pays développés (ce n'est malheureusement que partiellement vrai en France), chaque individu doit pouvoir travailler dans une organisation (entreprise, association, service public…) cohérente avec ses valeurs et ses buts. La liberté des choix de vie s'exprime de cette façon-là. Mais à l'intérieur de l'organisation, la liberté est nécessairement restreinte. C'est le projet collectif, celui qui a été déterminé par l'entrepreneur, qui guide les actions des uns et des autres. Chacun se voit affecter une mission qui doit mener à la réalisation de ce projet. C'est là que la notion d'autonomie intervient. « Être autonome » signifie « se fixer à soi-même sa propre loi ». Il s'agit de s'organiser comme on l'entend. Pensez à cela : on appelle les voitures sans chauffeurs « voitures autonomes ». Elles ne sont pas libres au sens fort. Une voiture est programmée pour amener des passagers là où il lui est demandé d'aller. La direction est imposée. Mais elle n'est pas « conduite » par un humain. Elle fait en quelque sorte son travail toute seule. La notion à la mode d'entreprise libérée entretient une confusion. Une entreprise est une « boîte » qui avance. On est libre d'y entrer ou non.

Mais on n'est pas libre d'en choisir la direction. À l'intérieur, c'est l'autonomie qui doit prévaloir, cette autonomie qui permet aux collaborateurs de résoudre leurs problèmes, avec l'aide des managers, en fonction des problématiques spécifiques et contraignantes.

L'autonomie et un certain niveau de contrainte ne sont pas antinomiques dans l'entreprise comme dans le reste de la vie. Il est entendu, selon Spinoza, que « l'homme n'est pas un empire dans un empire », qu'il n'est pas libre mais se meut dans un univers pétri de déterminismes. Il est soumis à toutes sortes de lois : naturelles, physiques, géographiques, sociales, psychologiques, etc. « Les hommes se croient libres parce qu'ils sont conscients de leurs actions et ignorants des causes qui les déterminent[1]. » L'homme est semblable à une pierre dévalant une pente et qui, si on lui attribuait momentanément la conscience, penserait être à l'origine de son propre mouvement, alors que celui-ci n'est dû qu'à l'impulsion causée par un tiers qu'elle ignore. L'homme est pris dans l'enchaînement des causes et des effets qui régit le monde.

Mais il lui est néanmoins possible de gagner en autonomie dans un univers contraint en devenant « cause adéquate » de ses actes. Une « cause adéquate » est une cause que nous connaissons clairement. Nous savons donc exactement quel effet elle peut faire naître. Autrement dit, il faut prendre le temps de connaître la nécessité des causes déterminantes pour libérer une puissance d'action et

---

1. Baruch Spinoza, *Éthique*, livre IV.

ne plus subir les événements. Il faut pour ce faire parvenir à une connaissance distincte.

Le véritable enjeu pour l'individu n'est donc pas tant de choisir ou de faire ce qu'il veut, mais d'essayer de comprendre son environnement et d'être, par la compréhension, actif. Non pas que la connaissance nous affranchisse de toute contrainte, mais elle nous libère en nous permettant de devenir autonome. En somme, se libérer, devenir autonome, c'est être actif, apte à trouver les moyens d'augmenter une puissance d'action.

Pensons à la danse classique. Noureev n'est pas moins soumis aux lois de la pesanteur que vous et nous. Néanmoins, il ne danse pas tout à fait comme vous et nous, il s'envole. À force de travail, de connaissance des lois et des mécanismes de son corps, il les assouplit sans les absoudre, il les élargit sans les anéantir. Il ne brise pas les lois de la pesanteur, mais il les utilise jusqu'à les maîtriser pour mieux en jouer. Il est plus autonome dans ses mouvements, car il se conduit plus activement que nous ne pouvons le faire, nous qui subissons passivement la lourdeur de notre propre corps. Le danseur, quant à lui, transcende les contraintes sans s'en affranchir.

Voilà ce que les salariés devraient pouvoir faire avec les contraintes de l'entreprise. Ils doivent être conscients des objectifs collectifs stratégiques et des contraintes corrélatives. Pour le reste, il faut les laisser s'organiser et ne pas ajouter des contraintes inutiles à celles qui sont inhérentes au projet de l'entreprise. « Être libre, ce n'est pas faire

ce que l'on veut, mais savoir ce que l'on fait[1]. »
Pour cela, le process ne doit jamais l'emporter
sur le sens. Il faut appliquer les procédures en
connaissance de cause. C'est ce que doit intégrer
le management moderne et ce que les salariés
doivent apprendre à faire.

Autonomes ET unis

Il a quelques années, Elon Musk a envoyé un
e-mail à l'ensemble des collaborateurs de Tesla,
sa firme de voitures électriques. Un message
contenant des choses essentielles sur ce que doit
être le management à l'heure des technologies
du XXIe siècle et de la nécessaire sublimation de
l'expérience client :

> « Il y a deux écoles de pensée concernant la cir-
> culation de l'information dans les entreprises. De
> loin la plus classique consiste dans une chaîne de
> commandement qui fait systématiquement transiter
> les informations par les managers. Le problème de
> cette approche, c'est que, si elle rehausse le pouvoir
> des managers, elle ne sert pas l'entreprise. Au lieu de
> résoudre les problèmes rapidement, les collaborateurs
> doivent parler à leurs managers qui parlent à leurs
> managers qui parlent au manager d'un autre dépar-
> tement qui parle aux gens de son équipe. C'est alors
> que l'information doit revenir dans le sens inverse.
> C'est vraiment stupide. N'importe quel manager qui
> autorise ça ou l'encourage se retrouvera rapidement
> à travailler ailleurs qu'ici. Ce n'est pas une blague.

---

1. *Ibid.*

Chacun chez Tesla peut et doit envoyer un e-mail ou parler à n'importe qui s'il considère que c'est la façon la plus rapide de résoudre un problème. Vous avez le droit de parler au manager de votre manager sans permission, vous pouvez parler à un vice-président dans un autre département, vous pouvez me parler, vous pouvez parler à n'importe qui sans autorisation. Vous devez même vous considérer obligé de le faire tant que le problème n'a pas été résolu. Il ne s'agit pas de bavarder au hasard mais de nous assurer d'une exécution ultrarapide et correcte. Nous ne pouvons pas concurrencer les plus grands industriels de l'automobile par notre taille. Nous devons donc le faire par l'intelligence et l'agilité.

Dernier point. Les managers doivent travailler dur pour s'assurer qu'ils ne construisent pas des silos, des clivages, à l'intérieur de l'entreprise qui vont générer une mentalité de l'"eux contre nous" ou entraver la communication interne. C'est malheureusement une tendance naturelle et nous devons la combattre. Comment serait-il possible que cela aide Tesla d'ériger des barrières et que certains envisagent un succès qui ne serait pas collectif ? Nous sommes tous dans le même bateau. Considérez toujours que vous travaillez pour le bien de l'entreprise et jamais pour votre département. Merci. Elon[1]. »

La plupart des salariés qui lisent ce livre savent que les dangers pointés par Elon Musk font partie de leur quotidien. Son message contient trois enseignements qui valent pour toutes les entreprises :
– tous les collaborateurs doivent connaître le projet de l'entreprise et y adhérer ;

---

1. Traduction des auteurs.

– les salariés doivent avoir une vision globale de l'entreprise, dont l'organisation doit être simple et compréhensible ;

– les managers de l'entreprise ne doivent jamais défendre leurs prérogatives ou leur département de façon corporatiste. Ceux qui le font doivent être rapidement sanctionnés.

Toutes les entreprises diront qu'elles fonctionnent de cette façon. Mais c'est un mensonge. Ce mensonge leur coûtait peu au XXe siècle. Au XXIe, il leur fait courir un risque vital. Le réalisme consiste à laisser de l'autonomie dans une organisation simple au service d'un projet que tout le monde doit servir. Les managers doivent pour ce faire plus souvent s'effacer que s'interposer. C'est à cette seule condition que l'autonomie peut advenir.

7

Valorisons le travail individuel

La paresse n'est pas une fatalité

Plusieurs fois, au terme de conférences que nous donnions, des salariés sont venus nous voir, se plaignant de ne pas travailler assez. Voici le type de dialogue qui revient souvent :

« Nous sommes débordés de travail, les dossiers s'empilent et rien n'avance. Vivement ce week-end que nous puissions enfin travailler.

— Mais vous ne pouvez pas avancer pendant la semaine ?

— Non. Les réunions et les *reportings* nous prennent trop de temps. Et dans les *open spaces*, nous sommes tout le temps dérangés. Il ne reste que le week-end pour pouvoir se concentrer et travailler sérieusement. »

La réalité est que la plupart des salariés sont motivés. Mais l'organisation de l'entreprise ne les laisse pas travailler sur les sujets importants autant qu'ils le voudraient (ce qui est urgent n'est pas toujours important).

Le management traditionnel et paternaliste est fondé sur un précepte : les individus préféreraient ne pas travailler. Il présuppose une flemmardise consubstantielle à l'homme. C'est la raison pour laquelle les entreprises doivent leur fixer des objectifs, les contrôler et les sanctionner. Pendant longtemps, la théorie économique a porté une responsabilité dans cette idée. Dans les manuels de microéconomie, on apprend que le travail est un « mal » et le loisir un « bien ». La stratégie d'optimisation des salariés consiste donc à maximiser le temps de loisir pour minimiser le temps de travail. La théorie de l'entreprise pose le problème de la façon suivante : quelles sont les relations contractuelles qui permettent de maîtriser l'opportunisme de salariés qui ne sont pas directement intéressés aux résultats financiers de l'entreprise ? Ces questions posées par la théorie sont pertinentes et les réponses intéressantes, mais elles partent d'un présupposé facile sur la nature humaine.

Il est vrai qu'il existe une frange de la population strictement paresseuse. Mais quand bien même la fainéantise existe et persiste chez certains, l'entreprise ne devrait pas l'entretenir, ce qu'elle fait parfois sans le vouloir. Car bien des entreprises bâtissent des systèmes qui n'encouragent pas le travail. Il suffit de penser aux réunions inutiles et aux (trop) nombreux séminaires de deux ou trois jours entiers durant lesquels les salariés n'apprennent strictement rien, « travaillotent » en groupes quelques heures sans un réel projet, font du *design thinking* sans penser réellement, de la pâte à modeler ou des maquettes d'allumettes pour tester leur esprit collaboratif et créatif. Un grand nombre de ces séminaires font le bonheur des hôtels ou des châteaux malgré leur inefficacité notoire. Et pourtant personne ne repartira plus heureux (et souvent pas plus motivé) qu'il n'est arrivé, bien au contraire...

Dans son ouvrage sur l'économie du bonheur[1], Mickaël Mangot montre que, dans nos sociétés, les personnes qui ne travaillent pas font partie des plus malheureuses. Mangot fait en particulier état de deux études qui portent sur les réformes allemandes Hartz, qui, dans les années 2000, avaient diminué le coût du travail et les droits des chômeurs pour les inciter à reprendre un emploi. La première conclut que la satisfaction de vie est supérieure pour les personnes qui travaillent dans les « petits métiers » que pour des chômeurs au profil (en particulier financier) strictement identique. La seconde aboutit à des conclusions légèrement plus nuancées. Les chômeurs qui travaillent dans le cadre des emplois à 1 euro (des emplois qui ajoutent de 1 ou 2,50 euros de rémunération horaire à leurs indemnisations et allocations) sont plus satisfaits de leur situation que les autres. Néanmoins, le niveau de satisfaction dépend de l'emploi occupé : il est plus élevé quand l'emploi correspond aux compétences du salarié et lui permet d'espérer trouver un emploi moins précaire à l'avenir. Mickaël Mangot rappelle également que gagner au loto n'a pas d'impact significatif sur

1. Mickaël Mangot, *Heureux comme Crésus ? Leçons inattendues d'économie du bonheur*, Eyrolles, 2014.

le bonheur[1]. Les résultats des études portant sur l'héritage délivrent des résultats similaires : les héritiers de grandes fortunes sont moins heureux que les personnes qui s'enrichissent grâce à leur travail. Travailler apporte satisfaction et joie. L'entreprise est le lieu du travail et ne doit pas se considérer autrement.

Le piège du « collectif »

Dans beaucoup d'entreprises, le « collectif » est un totem. Cette passion pour le collectif constitue l'une des explications de l'inflation de réunions et parfois de séminaires. D'évidence, dans le conscient ou l'inconscient de l'entreprise, ce qui est « collectif » est bon et ce qui est « individuel » individualiste donc mauvais. Ce parti pris anti-individualiste nous semble dans bien des cas relever d'une mythologie mensongère. Bien sûr, nous ne méconnaissons pas l'intérêt des échanges interindividuels et du travail en équipe. Il est évident que rien de grand ne s'accomplit seul, que l'efficacité d'un groupe peut l'emporter sur l'efficacité d'un seul, qu'une victoire se remporte souvent à plusieurs. Simplement, le collectif est devenu un impératif catégorique, et rien n'est moins efficace que l'imposture qui consiste à placer le « collectif » partout, quitte à ne plus laisser travailler les salariés de manière autonome. Les entreprises survalorisent le collectif quand elles sous-valorisent un individu dont l'autonomie et la singularité peuvent inquiéter.

---

1. *Ibid.*

Pris au premier degré, le substantif « collectif » désigne un groupe d'individus réunis à un moment donné pour délibérer sur un sujet ou mener un projet à terme. Le « liant » entre individus est réalisé grâce à l'objet de la délibération et non par l'intérêt que les individus se portent les uns aux autres. Le collectif a en réalité peu à voir avec la nature et la qualité des relations des personnes qui en font partie. L'un des passages les plus intéressants du film *The Social Network* est le moment où Mark Zuckerberg recrute ses futurs employés. Il se moque du collectif. Il veut attirer les meilleurs, à charge pour lui ensuite de les faire travailler ensemble. Les grands clubs de football font la même chose. Ils achètent les meilleurs joueurs qui sont autant de fortes individualités. C'est ensuite à l'entraîneur de placer ces individus aux postes qui sont cohérents avec les objectifs de l'équipe. C'est donc l'individu qui fonde le collectif et non l'inverse.

Kant évoque l'« insociable sociabilité des hommes[1] » : l'ambivalence à l'égard d'autrui est consubstantielle à l'humanité. Cette expression signifie que tout être humain est habité par deux tendances antagonistes. D'une part, il éprouve un penchant naturel à rechercher la compagnie de ses semblables. C'est un animal politique, qui a besoin des autres pour exister humainement : ses besoins ne sont pas seulement biologiques mais aussi moraux (communiquer, aimer, échanger, etc.). Il ne peut se passer de la proximité d'un

---

1. Emmanuel Kant, *Idée d'une histoire universelle au point de vue cosmopolitique. Quatrième proposition*, 1784.

autre. C'est sa sociabilité naturelle. D'autre part, il a tendance à privilégier son « moi », c'est-à-dire à ne se soucier que de lui-même et à considérer les autres et la collectivité comme une entrave à son épanouissement. En somme, il aimerait vivre avec les autres tout en les soumettant à sa propre loi. C'est sa radicale insociabilité. Cette force de répulsion qui tend à éloigner les êtres humains les uns des autres, compensée par une force d'attraction, fait de l'histoire des hommes un jeu constant de discorde et de concorde.

C'est pourquoi constituer un groupe génère nécessairement des problèmes. Alors, de peur de déplaire aux uns et aux autres en énonçant un avis différent ou en prenant personnellement la responsabilité d'une décision, les individus tombent vite dans le consensualisme, cette attitude qui consiste à chercher l'accord des autres pour ne pas se démarquer ou pour se couvrir. Dans son ouvrage sur les « décisions absurdes », Christian Morel soutient que le « collectif » induit des décisions qui privilégient des choix incompatibles avec le but visé[1]. Membre d'un groupe à structure hiérarchique, un individu peut être complice d'une décision qui provoque un désastre. Sa complicité peut renvoyer à plusieurs comportements : se taire par peur du supérieur ou par respect aveugle de l'expert ; se défausser de sa responsabilité et estimer qu'elle est partagée ; suivre pour faire plaisir ou parce qu'il attribue à l'autre une opinion sans la vérifier ; échouer parce que l'action qu'on lui

---

1. *Cf.* Christian Morel, *Les Décisions absurdes. Sociologie des erreurs radicales et persistantes*, Folio, 2014.

commande de faire n'est pas explicite… Le « collectif » suscite des conduites qui mènent souvent au contraire de ce qui est souhaité.

Nous-mêmes avons pu assister à des réunions dans lesquelles les prétendues réflexion et prise de décision collectives aboutissaient à des désastres. Ainsi, juste avant la crise financière de 2008, dites des *subprimes*, nous avons été témoins de discussions surréalistes, au cours desquelles des trentenaires en costume noir et cravatés expliquaient les vertus de la titrisation des crédits immobiliers. Au sortir d'une de ces réunions, une jeune femme demande :

« Quelque chose m'inquiète. En cas de baisse des prix de l'immobilier, la valeur de ces titres va s'effondrer, ce qui risque de paralyser le système bancaire.

— Évidemment. Mais pourquoi ne l'avez-vous pas fait remarquer ?

— La pression d'une réunion est trop forte pour cela. Je n'aurais pu le dire que dans le cadre d'un entretien bilatéral et franc avec mon patron. »

L'entreprise n'est pas une équipe de football

La propagande du collectif atteint des sommets quand les entreprises invitent en séminaire des champions sportifs. Le problème n'est pas tant lié aux personnalités des sportifs invités qu'à l'utilisation que les entreprises font de leur expérience. Elles accueillent ces champions comme des experts en management. Évidemment, quand Zidane ou Deschamps viennent s'exprimer, les collaborateurs et leurs managers écoutent le Christ. Malheureusement, leurs enseignements sont inutilisables dans le monde de l'entreprise. Jugez par vous-mêmes de ce que l'on nomme communément la « méthode Deschamps » synthétisée dans les deux points suivants :

« > **Définir son objectif.** Pour identifier son but, il faut essayer de prendre du recul à la manière du sélectionneur posté au bord du terrain. D'abord, prioriser ses objectifs. Puis les rendre lisibles et s'y tenir coûte que coûte. Enfin, et surtout, y croire.

> **Mobiliser et responsabiliser.** Didier Deschamps permet à ses joueurs de s'approprier l'objectif en se mettant à leur hauteur. Pour faire passer un message, il lance des blagues dans les vestiaires, et quand un joueur entre sur le terrain, il marche à ses côtés. Autant de moyens de créer une proximité dont les managers pourraient s'inspirer. Le patron des Bleus y ajoute la mise en place de relais informels. Ces relais peuvent permettre une communication efficace dans votre organisation. Parce qu'il y a des choses que l'on ne dit pas au manager, mais à ses collègues, et d'autres que l'on préfère entendre de la bouche d'un collègue que de celle d'un responsable[1]. »

Il faut donc fixer des objectifs, y croire et prendre du recul. Bouleversant ! Le deuxième point est plus problématique puisqu'il enjoint aux managers de créer de la proximité sans dire les choses qui fâchent. Une injonction paradoxale de plus. Didier Deschamps fait des blagues comme David Brent,

---

1. « Appliquer la méthode Didier Deschamps en entreprise », Capital.fr, 27 mai 2014.

le héros de *The Office*. Faut-il, au lieu de signaler à un collaborateur qu'il travaille trop lentement, s'allonger par terre et imiter une tortue ? Il y a de quoi rester dubitatif sur la « méthode ».

Alors pourquoi en faire des maîtres en management ? L'argument qui consiste à dire que des regards « croisés » ou « parallèles » (il faudrait choisir parce que des parallèles ne se croisent jamais) sont instructifs ne résiste pas à trois secondes de réflexion. Il n'y a aucune comparaison possible entre une équipe de onze personnes ayant un objectif précis (mettre un ballon dans un filet), aiguillée par un entraîneur autoritaire qui hurle sur le côté du terrain, et une entreprise composée de centaines ou de milliers de personnes ayant des objectifs tous différents, dont le sens global est aussi lointain qu'obscur, avec un dirigeant à peine visible si ce n'est lors de la plénière annuelle. Il est en outre évident que la différence de revenus entre sportifs de haut niveau et salariés lambda explique, au moins partiellement, les différences de motivation, d'engagement et d'intérêt… Arrêtons, de grâce, avec les comparaisons ineptes. Les grands sportifs sont des êtres extraordinaires dans un environnement qui ne correspond en rien au monde ordinaire du salariat. Les inviter en entreprise pour parler d'eux, de leur expérience, de leur parcours, de leurs exploits est formidable. Les faire venir pour tenter d'en déduire des méthodes de management et de motivation d'équipe est séduisant au premier abord mais inapproprié.

Notre hypothèse est que les sportifs sont mobilisés pour survaloriser le collectif aux dépens des individualités, ce qui est un comble quand on connaît le véritable fonctionnement du sport de haut niveau. Car pour se fondre dans un collectif, les joueurs doivent avant tout faire preuve d'un engagement individuel total. Voilà la leçon que l'entreprise devrait tirer du « management » du sport. Or nous assistons à l'« inversion morale » dont Nietzsche fut le grandiose généalogiste. Le collectif est un alibi valorisé et mis en avant par ceux qui, trop faibles individuellement, choisissent de se camoufler derrière sa prétendue puissance. Si le travail collectif est valorisé, l'individuel l'est d'autant moins. L'individualité est ainsi exonérée du devoir de performance. Or rien de grand ne se fait sans ces deux dimensions. L'une ne doit pas être dévalorisée au profit de l'autre.

La puissance de l'individuel

La véritable puissance personnelle, nous dit Nietzsche, est de faire ce que nous seuls, et personne d'autre, pouvons accomplir. La véritable puissance ne consiste jamais à agir selon la convenance de tous, car « ce qui est commun n'a jamais que peu de valeur[1] ». Nietzsche évoque une activité qui se pose sans s'opposer à d'autres forces, qui s'affirme positivement à partir d'elle-même, à partir de sa propre intensité, de sa propre affirmation. La convenance du collectif se limite à des schèmes d'actions préfabriqués, valables pour tous et donc pour personne. Aussi, le projet collectif de l'entreprise, s'il n'est pas sous-tendu par des exi-

---

1. Nietzsche, *Par-delà bien et mal*.

gences et des efforts individuels, est impersonnel et vide. À force d'exécuter des actions convenues et globalement valables, les instincts et les forces individuelles sont oubliés.

Le collectif, au sens où l'entend généralement l'entreprise, est motivé par le confort pour les plus paresseux des salariés de se reposer sur le groupe et la crainte de laisser les individus agir à partir d'eux-mêmes, alors que ce serait la meilleure façon d'être efficaces ensemble. Les entreprises évoquent en permanence l'audace, l'initiative, la créativité, l'innovation, mais l'obsession du collectif les empêche parfois de les pratiquer. Encore une injonction contradictoire ! Cette valeur du collectif ne serait-elle pas une forme de vengeance raffinée fomentée par les plus faibles, ceux qui ne sont pas capables d'affirmer leur propre puissance, leur propre talent, et qui font de leur faiblesse personnelle un grand mérite collectif ? Il n'y a rien de plus urgent pour l'entreprise que de laisser ses collaborateurs se concentrer, seuls, dans un bureau, résoudre des problèmes, trouver des solutions, au service du projet commun... Entreprises : si vous laissiez vos salariés travailler ?

8

Osons l'esprit d'aventure

L'entreprise bureaucratique

Les dirigeants et leurs managers conchient les conservateurs du gouvernement et les salariés qui refusent de s'adapter au cours du monde. Mais, dans les faits, ils établissent les rigidités qui entravent le changement. Pourtant, innover (et non parler d'innovation) est vital pour l'entreprise aujourd'hui. Une organisation qui n'innove pas ne survit pas. Tous le savent. Peu en tirent les conclusions. Un grand nombre d'entre elles, nées au XXe siècle ou avant, ne sont pas prêtes à changer dans un contexte technologique qui fait de l'innovation et de l'excellence de l'expérience client un prérequis pour exister. Les entreprises bureaucratisées risquent de disparaître, balayées par de nouveaux entrants venus de Californie, d'Asie, éventuellement d'Europe.

La complexité et la complication sont les symptômes d'un état d'esprit profond, qui émane de la société tout entière, marquée par une prolifération des peurs.

Le syndrome de Bartleby

Notre époque est angoissée. Nous avons peur de tout ou presque : du sexe, du vin, de l'alimentation, de la pollution, des ondes, de la chaleur, du froid, de la neige, de la grippe mais aussi du vaccin contre la grippe, de la rougeole mais aussi du vaccin contre la rougeole... Les émissions catastrophistes qui défilent à longueur d'écrans témoignent de cette prolifération des peurs allant de pair avec une déculpabilisation de cette passion. La peur, cette mauvaise conseillère, qui altère nos représentations, considérée naguère comme infantile, devient une vertu de grande personne. Hier, devenir une « grande personne », c'était parvenir à vaincre ses peurs pour mieux affronter le réel. Aujourd'hui, la peur est considérée comme un gage de prudence et de sagesse. Dans son ouvrage fondateur *Le Principe responsabilité*[1], Hans Jonas consacre un chapitre à l'« heuristique de la peur ». Aussi, la peur devient un principe de connaissance et un élément salutaire, en tant qu'elle permet de prendre conscience des menaces qui pèsent sur le monde. Le raisonnement de Jonas est le suivant :

– l'humanité a une valeur inestimable et doit être protégée des dangers qui la menacent ;

– or le développement technologique peut permettre notre élimination ;

---

1. Hans Jonas, *Le Principe responsabilité*, Flammarion, 2013.

– donc il doit être sévèrement encadré par des normes.

La morale de ce syllogisme est la suivante : en cas de doute, envisagez le pire[1]. Le problème, c'est qu'on a fait de ce précepte un principe opposable à toute action. C'est une chose de vouloir surseoir à l'usage d'une technologie nouvelle dès lors qu'on a des motifs sérieux de penser qu'elle pourrait avoir un jour des conséquences désastreuses. C'en est une autre de faire d'une règle de prudence une idéologie précautionniste.

Cette déviation maximaliste est caractéristique de la dérive précautionniste à laquelle nous assistons à l'intérieur des entreprises. De nombreux salariés se couvrent contre tous les risques, contre tout ce qui pourrait leur être reproché par des managers eux-mêmes tétanisés par leurs patrons eux-mêmes angoissés par leurs actionnaires... De la finance à la DRH en passant par le comité de direction et le management, le risque est honni parce que toujours assimilé à une menace et jamais à une opportunité. C'est notamment cette volonté de couverture intégrale qui explique l'inflation d'e-mails. De nombreux salariés nous expliquent qu'ils préfèrent communiquer à l'écrit et archiver les preuves pour qu'il ne leur soit rien reproché. Certains deviennent victimes du syndrome de Bartleby.

Personnage de fiction de Melville en 1853, Bartleby est scribe et travaille pour le narrateur

---

1. Ce syllogisme est très faible. Dans la deuxième occurrence, remplacez « développement technologique » par « nature », « politique » ou « économie », et cette faiblesse de l'argumentation apparaîtra.

de l'histoire, homme de loi de Wall Street. Il refuse peu à peu d'exécuter les tâches que son patron lui confie en répétant : « *I would prefer not* » (« Je préférerais ne pas »). Il oppose une attitude passive qui paralyse toute forme de décision et d'action. Il refuse tout, jusqu'à être licencié. Le précautionnisme extrême en entreprise mène à la multiplication des Bartleby, car l'esprit a une fâcheuse tendance cognitive à croire immédiatement ce qu'il craint[1].

Luttons contre les politiques de la peur

Au XXe siècle, les managers se sont progressivement substitués aux leaders. L'esprit d'entreprise a été anesthésié à mesure que les process rigidifiaient les organisations et l'état d'esprit général des collaborateurs. La montée de réglementations de plus en plus strictes a aggravé le mal quand elle ne l'a pas engendré. Ce syndrome est criant dans les secteurs de la banque, de l'assurance, de l'immobilier, de la santé, de l'énergie ou des transports, où la réglementation oblige à tout procéduriser, mesurer, contrôler, évaluer, conserver. Dans le secteur bancaire, ce sont désormais les déontologues et les spécialistes des risques opérationnels qui sont les plus recherchés. À cet égard, les politiques publiques ont une responsabilité dans l'étouffement de l'état d'esprit aventurier. L'État exporte sa bureaucratie. De la construction

---

1. Nous renvoyons ici à l'excellent livre de Gérald Bronner *L'Inquiétant Principe de précaution*, PUF, 2014.

de la tour Eiffel au tour du monde de Magellan, certaines des plus grandioses aventures humaines nécessiteraient aujourd'hui un contournement de la loi. Dans un monde idéal, les entreprises essaieraient de tordre le fer dans l'autre sens, en plaçant à leur tête les plus entreprenants des entrepreneurs. Hélas, l'inverse se produit. Au sommet des entreprises publiques en particulier, les gouvernements prennent soin de nommer non pas des entrepreneurs, mais d'honnêtes bureaucrates d'eau tiède. Pas la peine de chercher une source unique du flot bureaucratique : la réglementation au niveau politique et administratif et l'esprit de contrôle et de surveillance au niveau de l'entreprise s'aiment sans le dire et se fécondent tous deux pour donner naissance à des organisations où l'autonomie n'est plus qu'un mot et l'entrepreneuriat un concept.

Décongestionnons les process

Cette idéologie de la peur mène à l'accumulation de process, une des plus grandes mythologies managériales du temps présent. Process médical, process administratif, process de recrutement, process informatique, process d'inscription, process pour joindre n'importe quel service (pour obtenir… tapez 1, pour obtenir… tapez 2), process pour jeter ses ordures (poubelle bleue, jaune, verte), nous vivons sous la dictature des process. Tous trouvent une justification rationnelle mais tous engendrent des réflexes de comportements automatisés, comme une mise en série contrôlée d'opérations... humaines. Cette invasion procédurale doit être soigneusement séparée du droit. La procédure n'est pas le légalisme. En effet, là où la loi tranche entre le permis et le défendu, entre le légal et l'illégal, et établit des interdits, le process établit des normes comportementales. Le droit interdit. La norme oblige.

Soumis à ces normes, les salariés incorporent dans leurs comportements des gestes ritualisés et des automatismes qui finissent par leur ôter capacité critique et bon sens. Or la réification des humains est mauvaise pour les entreprises et pour le capitalisme lui-même. C'est pourquoi leurs actionnaires et les dirigeants doivent avoir à l'esprit le caractère débilitant de ces process qui transforment les esprits en ectoplasmes. Comment s'étonner dans ces conditions que les salariés finissent par se satisfaire du confort d'une situation dans laquelle ils n'ont pas à se prononcer ? Dans ces périodes de destruction créatrice, le process peut s'avérer mortel, car les collaborateurs de l'entreprise doivent être incités à « expérimenter ». Le biologiste François Jacob comparait l'innovation biologique à l'esprit du « bricoleur[1] ». Contrairement à l'« ingénieur », qui, à partir de ses connaissances, construit un plan et cherche à y plier la réalité qu'il veut traiter, le bricoleur ne cesse de tâtonner. « L'évolution procède comme un bricoleur qui pendant des millions et des millions d'années remanierait lentement son œuvre, la retouchant sans cesse, coupant ici, allongeant là, saisissant toutes les occasions d'ajuster, de

---

1. François Jacob, *Logique du vivant*, Gallimard, 1970.

transformer, de créer. » Et François Jacob de faire l'éloge du bricolage contre la tentation gestionnaire inhérente au respect des procédures.

Le process naît du conservatisme, mais le fait grandir aussi : « Paresse et lâcheté sont les causes qui font qu'un si grand nombre d'hommes, après que la nature les eut affranchis depuis longtemps d'une conduite étrangère, restent cependant volontiers toute leur vie dans un état de tutelle [...]. Il est si commode d'être sous tutelle. Si j'ai un livre qui a de l'entendement à ma place, un directeur de conscience qui a de la conscience à ma place, je n'ai pas moi-même à fournir d'efforts[1]. » Luttons contre les tutelles. Lisons Kant[2]. Lisons Arendt[3]. Lisons ceux qui nous encouragent à penser par nous-mêmes, à développer notre bon sens, à oser affirmer ce que nous pensons tout bas, à être courageux. Pour cela, les managers doivent aider les salariés à dépasser les limitations inhérentes à toute organisation. Dépasser ne signifie pas remettre en cause systématiquement les règles : la pensée la plus efficace n'est pas révolutionnaire mais évolutionniste. Certains process sont nécessaires. Ce n'est pas la règle en elle-même qui est mauvaise, mais sa prolifération qui déshumanise et annihile l'action humaine. Dépasser signifie penser ce que l'on est censé appliquer, et n'agir que si l'action A UN SENS. Pour cela, l'esprit doit être premier, le process second et non l'inverse. Sinon, l'individu est placé sous tutelle, c'est-à-dire

---

1. Emmanuel Kant, *Qu'est-ce que les lumières ?*
2. Emmanuel Kant, *Critique de la faculté de juger.*
3. Hannah Arendt, conférences sur la *Critique de la faculté de juger.*

dans « l'incapacité de se servir de son entendement sans la conduite d'un autre », comme écrit Kant. Le philosophe évoque une « roulette d'enfants » pour désigner l'état de tutelle : la roulette dispense l'enfant d'avoir à marcher par lui-même, comme le process dispense son utilisateur d'avoir à penser par lui-même[1]. L'utilisation du youpala est l'un des grands malheurs de l'entreprise contemporaine.

Ne confondons pas précaution et prudence

L'aversion pour le risque et sa déclinaison procédurale reposent sur une erreur intellectuelle qui consiste à confondre prudence et précaution. Erreur philosophique fatale, car la prudence est une qualité alors que la précaution peut s'avérer mortelle. La prudence porte sur les moyens (« faire attention ») quand la précaution porte sur les fins (« ne pas faire »).

Pour les Anciens, la prudence (*phronesis* en grec) est l'intelligence d'action. C'est l'« œil de l'âme » selon Aristote, indispensable à ceux qui doivent décider et agir sans se contenter d'appliquer des formules générales et des recettes. C'est l'intelligence à l'œuvre quand l'esprit n'a aucun moyen de choisir en toute connaissance de cause le bon moyen d'arriver à sa fin. Être prudent consiste donc à s'arranger avec du possible plus qu'avec du certain.

---

1. Julia de Funès, *Socrate au pays des process*, Flammarion, 2017.

L'homme prudent use de sa propre raison pour anticiper, autant que faire se peut, les conséquences des actions qu'il décide. Quand il choisit de ne rien faire, c'est encore une action, fût-elle décevante. Au contraire de la précaution, l'abstention n'est ici pas de l'inaction mais l'accomplissement d'une intention. Elle s'explique par des raisons et produit des effets. Si la prudence reflète une intelligence qui jongle avec du possible, elle suppose par là même une capacité à bien délibérer en s'appuyant sur les ressources de son propre jugement. Elle exige de peser les risques de l'action à partir de sa raison et de son intuition, cette synthèse des expériences vécues qui permet de saisir immédiatement le sens d'une situation. Être prudent revient à avoir le courage d'agir. Ce n'est donc pas laisser aux autres le soin de réfléchir aux aboutissants de l'action, ni attendre des autres les certitudes sur lesquelles s'appuyer pour décider d'agir, ni ne prendre aucun risque (ce à quoi équivaut bien souvent l'idéologie du principe de précaution). Le « sois prudent » que nous adressons à nos enfants ne leur interdit pas de sortir. Il leur enjoint de ne pas boire (ou modérément) ou à tout le moins de rentrer en taxi. C'est au fond un principe d'intelligence et c'est bien de cette façon qu'il conviendrait de réinterpréter nos principes de précaution, souvent stérilisants surtout dans des pays comme la France, où ils sont appliqués avec tout le zèle administratif dont une bureaucratie efficace, qu'elle soit publique ou privée, est capable. Cet accent placé sur l'intelligence d'action rapproche la prudence de l'éthique de la responsabilité de Max Weber[1]. C'est cette éthique du risque, de responsabilité, qui permet d'entreprendre, d'investir, d'innover et de changer.

Apprécions le risque

Écoutons les vers de Pablo Neruda : « Il meurt lentement, celui qui devient l'esclave de l'habitude, celui qui ne prend pas de risques, pour réaliser ses rêves. » Le risque tempéré par la prudence est nécessaire à une vie réussie, à une entreprise réussie. Voilà une idée que notre époque utilitariste perd de vue. Il faudrait faire passer le confort, le bien-être, le calme et le repos avant notre volonté de construire le monde. Non merci ! Ceux qui ne prennent pas de risque anesthésient leur cerveau et finissent par se mettre en danger. Nous rencontrons régulièrement des jeunes gens qui nous expliquent vouloir créer leur entreprise tout en étant indemnisés par le chômage. Ceux-là échoueront. Ils commettent une erreur évolutionniste et économique, en même temps qu'ils tournent le dos à la morale en exigeant de la société le beurre et l'argent du beurre.

Agir, c'est risquer, parier, accepter que les choses n'obéissent pas à un plan. Agir, c'est accepter l'incertitude. Ce n'est pas exécuter un programme prédéterminé qu'il suffirait d'appliquer sans variation dans le temps. Agir n'est pas appliquer. L'action n'est ni l'agitation ni l'application. Elle intègre les aléas qui la perturbent.

---

1. Max Weber, *Le Savant et le Politique*, Plon, 1995.

Napoléon a utilisé le brouillard pour prendre d'assaut par surprise l'armée ennemie lors de la bataille d'Austerlitz, le 2 décembre 1805. Il n'a pas envisagé l'incertitude comme un facteur négatif à éliminer, mais comme un atout potentiel. Le risque peut parfois être identifié et même minimisé. L'incertitude radicale est l'environnement normal de ceux qui entreprennent.

De nombreux entrepreneurs aiment le risque et l'aventure. C'est peut-être même la majorité. Grâce leur soit rendue. Mais un certain nombre de managers, voire des dirigeants de grandes sociétés, nous expliquent qu'il est impossible de lancer un projet « à cause de l'incertitude ». Certains économistes tombent dans ce panneau en proférant de fausses évidences comme : « Ce que l'économie aime le moins, c'est l'incertitude. » Mais enfin ! Qui peut penser que de grandes choses s'accomplissent dans la vie par temps calme ? Pour certains, le changement et l'incertitude deviennent des prétextes à la passivité, alors qu'ils devraient être considérés comme des facteurs de l'action. Agir intelligemment, c'est jouer de la contingence, des modifications, des aléas. La stabilité permet d'appliquer ou de programmer, mais pas d'agir au sens fort du terme. Agir n'est pas une activité mécanique, un mouvement sans conscience qui se répète. C'est justement parce que les choses changent, évoluent de manière parfois imprévisible, que nous pouvons exercer notre jugement et notre volonté, les deux conditions de l'action stratégique.

9

Légitimons l'autorité

Une verticalité nécessaire

Tant qu'il y aura des entreprises, il y aura des dirigeants et de nécessaires liens de subordination. On dit d'un individu qu'il a de l'autorité lorsqu'il s'impose sans user de contrainte et de persuasion. Il agit sur les autres en obtenant leur consentement. Il lui est reconnu une supériorité de légitimité et il est respecté pour cela. L'autorité instaure une relation d'inégalité qui suppose la liberté et la contingence. Ceux qui se soumettent à l'autorité d'un homme le font de leur propre gré. Et ils cessent librement d'obéir dès lors que la personne perd, à leurs yeux, la légitimité fondatrice de son autorité. Or l'un des drames de notre époque tient dans ce qu'elle rejette souvent l'autorité, qu'elle confond avec de l'injustice, alors que l'entreprise est et restera une structure verticale. Contrairement à ce qu'assènent les modes managériales, l'innovation ne peut pas, à elle seule, être le fruit d'une supposée « intelligence collective ». Certes, tous les membres d'un groupe doivent contribuer à sa réussite. Mais, souvent, le changement, dans l'entreprise, vient d'en haut. La verticalité ne s'oppose pas à l'écoute de tous et, éventuellement, à la prise en compte de leurs remarques. Mais, à notre époque égalitaire, il est tellement question d'horizontalité et d'« intelligence collective » qu'on nous permettra d'insister sur la nécessité d'une autorité, thème assez peu démagogique il est vrai.

Le temps de travail, son lieu et même la nature du poste pourraient disparaître sans que cela signe la fin du contrat de travail salarié. Car resterait alors l'essentiel : le lien de subordination. Lui ne disparaîtra pas, car il est consubstantiel à l'essence de l'entreprise telle que l'a définie Ronald Coase. Les coûts de transaction n'étant pas nuls, l'environnement devenant plus complexe et changeant, l'entreprise conserve sa raison d'être. Seule une grande organisation peut orchestrer la construction de lanceurs spatiaux, de maisons intelligentes ou la commercialisation de tests sanguins pour prévenir le cancer. On ne déplace pas des montagnes en solitaire. Seul un groupe humain emmené par un chef charismatique, habité par le bon sens et une ténacité insubmersible, peut accomplir de grandes choses. Le numérique n'a pas tué l'organisation, il l'oblige à évoluer et à cultiver l'intrapreneuriat, cet « entrepreneuriat de l'intérieur ». Le salariat peut abandonner ses obligations de contrôle de temps et de lieu, ses procédures trop nombreuses, héritages éculés du XXᵉ siècle. Mais la vision du leader, sa responsabilité, sa capacité à imposer ses décisions et la coordination rendue nécessaire par le projet demeurent. L'économie a besoin d'entreprises, les entreprises de verticalité, la verticalité de leader, le leader d'intelligence et de charisme. À l'époque moderne, l'autorité émane du leadership et de l'expertise. C'est le leadership qui rend la bureaucratie moins utile.

Les problèmes de l'entreprise contemporaine sont simples en théorie et complexes en pratique : comment ôter les contraintes inutiles ? Comment laisser les collaborateurs développer les qualités qui concourent à la compétitivité d'une entreprise au XXIe siècle ? Comment ne pas faire fuir les meilleurs tout en conservant une verticalité ? Le changement d'infrastructure économique ne signifie pas la fin du management ou des hiérarchies mais la modification de l'organisation. Il n'est besoin ni de table rase ni de révolution mais d'une adaptation des structures pour qu'elles restent efficaces.

Réévaluons le rôle du leader

La démagogie et le relativisme ambiant ont dégradé l'image du leader. Il faudrait que tout soit égal, que le leader soit normal, qu'il ne soit jamais ostentatoire, qu'il renonce à ses avantages, qu'il ne se paie pas trop... Mais l'égalité de droit n'est pas l'égalité de fait. Il suffit de regarder autour de soi. Les plus grands dirigeants d'entreprise de ce premier quart de siècle s'appellent Elon Musk, Jack Ma, Jeff Bezos, Mark Zuckerberg et Sheryl Sandberg, Xavier Niel... Ce ne sont pas des personnalités « normales ». Ces femmes et ces hommes sont des leaders charismatiques.

Dans une économie de l'innovation, le leader doit être un entrepreneur, celui qui porte un projet de transformation du monde et autour duquel s'agrègent les collaborateurs qui désirent modifier la réalité dans le même sens. Ce profil psychologique et l'impact de ce type d'entrepreneur ont été magnifiquement décrits par Josef Schumpeter dès 1911 dans sa théorie de l'évolution économique. Schumpeter, en intellectuel du début du XXe siècle, conduit une analyse qui brasse les disciplines : économie, psychologie, sociologie, histoire… C'est cette capacité à percevoir le monde de façon systémique qui confère à son analyse cette puissance et cette durabilité. L'entrepreneur schumpétérien n'est pas un bureaucrate cravaté qui reçoit dans son bureau. Celui qui veut changer le monde casse de la porcelaine. Il est abrupt, différent, illuminé, concentré sur son objet. Comme un artiste, il recherche un impact et une perfection. Il a le caractère des grands hommes d'État, ceux qui, comme Churchill, croient à la force de l'action. Cette figure de l'entrepreneur s'est étiolée dans le courant du XXe siècle, laissant la place au gestionnaire. Schumpeter s'est effacé au profit de Berle, Means, Galbraith… La montée des contraintes réglementaires, l'imbrication entre le secteur privé et le secteur public, l'augmentation de la taille des organisations et la césure entre la propriété et la gestion des entreprises avaient contribué à éloigner la figure de l'entrepreneur héroïque. Heureusement, comme à la fin du XIXe siècle, la mutation technologique rebat aujourd'hui les cartes. Le dirigeant et le manager bureaucratiques, qui n'ont pas d'autres buts que la saine gestion, qui inventent des contraintes et s'appliquent à les faire respecter sont en voie de disparition : soit ils changent leur comportement, soit ils coulent leur entreprise et disparaissent avec.

Stop au nivellement par égalitarisme

L'autorité se définit comme non négociable. Elle suppose de la part de celui qui obéit la reconnaissance de la légitimité du donneur d'ordres. Pour que l'autorité agisse, il ne faut pas seulement qu'elle s'impose, sinon elle n'est que force, mais qu'elle soit reconnue et acceptée. Or reconnaître et accepter une supériorité entre en contradiction avec l'interprétation courante de la valeur démocratique moderne de l'égalité selon laquelle tout se vaut, tout se discute, tout doit tendre à l'uniformité. À l'âge démocratique, l'inégalité frustre, diminue et indigne. Ce sentiment répandu vient d'une confusion. Aujourd'hui, toute prise en considération de la différence est assimilée à une inégalité et toute inégalité à une injustice. La discrimination devient la grille de lecture exclusive des relations humaines, y compris quand l'égalité ne doit pas être recherchée, par exemple dans la relation entre le maître et l'élève. La différence et l'autorité sont incorporées dans le langage de l'injustice et de la discrimination : confusion conceptuelle dangereuse. L'égalité devient l'indifférenciation et l'interchangeabilité. Notre société est tentée d'abolir les différences, même celles qui sont nécessaires, dans le domaine de l'apprentissage, de l'éducation et, évidemment, du management. Comment diriger une entreprise dans ces conditions ? Les managers sont souvent les complices de cette confusion conceptuelle. Ils préfèrent les contrôles et les process à l'autorité assumée.

Or l'autorité, véritable, légitime, grandit les deux parties. L'autorité, pour être reconnue, suppose l'admiration. Admirer son professeur de philosophie ou d'économie grandit pour une raison soulignée dès le XVIIIe siècle par Condillac[1] : l'humain doit une grande partie de son intelligence à sa capacité d'imitation. Nous avons besoin de modèles à imiter pour créer en nous une dynamique et une élévation. Face à l'autorité reconnue, on ne devrait pas se sentir rabaissés et soumis mais au contraire augmentés, puisqu'on tente de se hisser à la hauteur des exigences du maître en donnant le meilleur de soi-même. La différence entre le maître et l'élève n'est plus alors ressentie comme une inégalité ou une injustice, mais elle devient concevable au sein même du monde démocratique. L'autorité permet à celui qui s'y soumet de devenir « auteur », « autonome », dans la discipline choisie. Qu'il s'agisse de l'autorité parentale, de celle de l'enseignant ou du manager, il s'agit toujours de développer, de déployer ses capacités d'apprenant pour devenir un être autonome dans l'activité choisie. L'autorité est donc le pouvoir de faire surgir chez ceux à qui l'on commande des compétences nouvelles pour mieux affronter les difficultés de la réalité. Or quoi

---

1. *Cf.* Étienne Bonnot de Condillac, *Traité des animaux*, 1755.

de plus démocratique que de rendre chaque individu autonome et armé face au réel ?

La confusion qui amène à dénigrer et à craindre l'autorité tient aussi dans l'assimilation entre un supérieur qui impose une direction et un supérieur qui opprime. L'imposition n'est pas nécessairement une violence et toute hiérarchie n'est nécessairement pas répressive. L'obéissance est un levier de croissance et d'émancipation dès lors qu'elle n'est pas à sa propre fin, une stricte obéissance pour une stricte obéissance. D'où la nécessaire distinction entre la subordination (obéir en reconnaissant la légitimité du donneur d'ordres) et la soumission (qui est une obéissance contrainte sans possibilité de désobéir).

Le management « compréhensif », bienveillant et empathique ne doit donc pas se confondre avec l'absence de subordination, d'imposition et l'ignorance des repères clairs d'autorité qui sont indispensables pour faire du lieu de travail un lieu d'accomplissement et d'efficacité. Il doit pour cela inspirer.

L'imposture des « coachs » en leadership

Nous ne pensons pas que l'autorité et le courage s'enseignent, mais que ces qualités se diffusent par capillarité. Nombreux sont aujourd'hui les managers qui souffrent d'un manque cruel d'autorité. Ce ne sont pourtant pas les formations qui manquent. Les entreprises peuvent puiser à loisir dans une offre fournie de formations ayant pour but d'apprendre à des personnes parfois timides à gagner en autorité. Les coachs en leadership font de ces formations leur business et s'érigent en références. Leur expérience est souvent mince et, souvent, une expérience malheureuse en entreprise. Mais leur capacité à concevoir un marketing calibré pour les entreprises qui souhaitent former des Churchill se veut élevée. La promesse de ces coachs consiste moins à former des gens qu'à les métamorphoser : comme le conte de fées transforme le crapaud en Prince Charmant, le coach prétend transformer le réservé en charismatique, le timide en orateur hors pair. Tout semble, en réalité, organisé pour placer le salarié en situation de détresse et le coach en situation de mâle dominant, surtout si, ayant échoué lors de précédentes expériences professionnelles, il est animé d'un désir de revanche sociale[1].

Dans une entreprise du secteur de l'aéronautique, un coach en leadership demande aux participants de donner en public leur sentiment au terme d'une journée de formation, en utilisant les concepts appris pour gagner en confiance et en conviction. Un participant, plus courageux ou téméraire que les autres, se lance : « Je pense que... » lance-t-il avec aplomb. La coach l'interrompt immédiatement... « Qu'est-ce qu'on a dit, Michel ? On ne dit pas "je", souviens-toi, c'est trop personnel et subjectif... il faut remplacer "je" par "on". Pense collectif, Michel ! » Alors, Michel, plein de persévérance et de bonne volonté reprend :

_____

1. *Cf.* Julia de Funès, *Socrate au pays des process*, *op. cit.*

« On peut penser que… – Ah non Michel, on ne dit pas "penser"… c'est trop allusif, pas assez précis, c'est un ressenti, Michel, or pour impacter il faut être dans le factuel, dans le concret… » ! La pensée a vraisemblablement déserté la coach. Le pauvre Michel ne peut plus prononcer un mot… Alors les participants prennent sur eux et écoutent pieusement la spécialiste en leadership qui a sûrement raison, comme on écoute Père Castor raconter une histoire. Le problème, c'est qu'on impose aux collaborateurs des techniques qui les empêchent d'être eux-mêmes. Ils ont été métamorphosés non pas en général de Gaulle, mais en ectoplasmes.

Toute formation en leadership est vouée à l'échec parce qu'elle repose sur une injonction paradoxale que l'on peut formuler ainsi : « Vous serez leader si vous écoutez et faites ce que je vous dis de faire. » Or un leader « moutonnier », « suiviste », n'est-ce pas le comble du paradoxe ? Un leader est celui qui emmène son équipage, qui le devance, qui est aux commandes, et non celui qui suit des directives. A-t-on jamais entendu un grand leader remercier un formateur de lui avoir appris et permis de développer son leadership grâce aux outils et aux recettes préchauffées ? Toutes les formations insistent sur l'assurance et la confiance en soi comme ingrédients essentiels au leadership. Mais est-ce parce qu'ils sont leaders que les gens ont de l'assurance ou parce qu'ils ont de l'assurance qu'ils sont leaders ? Les formateurs ne prennent-ils pas la cause pour la conséquence ? Chaque formation développe une idée, un modèle, un idéal de leadership vers lequel il faudrait

tendre. Or chaque leader a son style particulier :
il y a les timides, comme Darwin Smith[1], au style
maladroit, qui fuyait les projecteurs tout en faisant
preuve d'une volonté de fer[2], les décontractés, les
autoritaristes comme Steve Jobs[3], les extravertis,
les solitaires, les généreux, les parcimonieux, les
humbles, les arrogants… Le présupposé de ces
formations est le suivant : on ne naît pas leader,
on le devient… chacun peut l'être s'il possède les
recettes. Il y aurait donc du leadership en chacun
de nous… C'est peut-être vrai, mais ce leadership
ne pourra jamais s'acquérir par des techniques
généralistes.

La puissance du charisme

Selon les théories en vogue, l'entreprise devrait
être un lieu horizontal, où la critique est absente
et les dirigeants discrets. Même un club de bridge
ne peut être dirigé comme cela. Le rôle du leader est central et ce leader doit faire preuve de
charisme.

Le charisme est le complément nécessaire de
l'autorité, ce qui, là encore, rend le travail des
coachs et des consultants impossible : le charisme
ne s'apprend pas. Relèverait-il d'un « don », d'une

---

1. P-DG de 1971 à 1991 de Kimberly-Clarck, entreprise américaine qui produit principalement des produits de consommation
destinés à l'hygiène personnelle et aux soins.

2. Style de leadership analysé dans la *Harvard Business Revue*,
hors-série automne 2016, p. 107.

3. Fondateur d'Apple et dirigeant de 1976 à 1985 et de 1997
à 2011.

« grâce », comme l'indique l'étymologie[1] ? D'où vient ce charme ? De la puissance de l'individu, selon Nietzsche, et non de son pouvoir. L'homme qui séduit sans volonté de séduire, qui rayonne sans volonté de rayonner, qui convainc sans volonté de convaincre puise ses charmes dans la « volonté de puissance[2] ». Cette volonté ne veut rien d'extérieur à elle : ni l'adhésion, ni la liberté, ni le bonheur, ni le pouvoir comme le présupposent toutes les formations en leadership. Elle se veut elle-même. Cette volonté ne désire rien d'autre que son accroissement, sa propre intensification, sa pulsation permanente. Vouloir toujours sa propre volonté, c'est « oser l'incroyable aventure d'être soi[3] », c'est faire battre le plus profond de son être. Il n'y a ici ni objectif, ni outil, ni technique, ni recette, simplement le désir d'une volonté, de sa propre volonté. Les formations au leadership se concentrent sur l'acquisition du pouvoir comme instrument de communication et d'influence sur autrui. Mais passer du pouvoir sur autrui à la puissance du soi, des techniques à l'authentique, ne serait-ce pas là la clé du leadership ?

Max Weber distinguait trois types de domination dans le champ politique[4]. La « domination traditionnelle » se fonde sur la valeur des

---

1. « Carys », en grec, veut dire « charme ».

2. L'expression « volonté de puissance » est souvent mal comprise. Nietzsche ne veut pas dire que l'homme puise sa force dans sa volonté d'être puissant, de dominer les autres ou la nature. Sa « *wille zur marcht* » désigne plutôt une volonté inintentionnelle d'être.

3. Simone de Beauvoir, *Cahiers de jeunesse*.

4. Max Weber, *La Domination*, La Découverte, 2015.

traditions en vigueur. Elle est assumée par un chef reconnu pour sa fidélité aux coutumes. La « domination légale » est basée sur l'ordre impersonnel du droit et assise sur le corps des fonctionnaires chargés d'administrer dans le respect des lois. La « domination charismatique » a pour base le prestige quasi surnaturel d'un individu qui entraîne dans son sillage les foules, rompant avec les habitudes établies et les institutions. De même, on peut distinguer trois fondements de l'autorité du dirigeant. L'autorité fondée sur le respect des fondations de l'entreprise et des anciens ; l'autorité reposant sur le pouvoir lié à la supériorité hiérarchique et le respect des procédures connues de tous ; l'autorité réellement charismatique, fondée sur le rayonnement impactant d'une personnalité. En entreprise, l'autorité traditionnelle est de moins en moins acceptée.

Les fondateurs ne peuvent continuer d'occuper légitimement des fonctions de dirigeants que si leurs actionnaires et les salariés leur reconnaissent certaines qualités. Et être « fille ou fils de » confère peut-être une autorité traditionnelle, mais celle-ci n'est quasiment rien pour diriger aujourd'hui une équipe. Le « leadership » est devenu de fait un mélange de rationalité et de charisme. La rationalité exige du dirigeant de se conformer aux règles, dont celle du respect de l'initiative de son collaborateur, au développement duquel il doit contribuer. Le charisme réside dans la capacité d'impacter émotionnellement ses collaborateurs de sorte qu'ils accomplissent leurs obligations professionnelles avec le sentiment de participer à une aventure.

Max Weber souligne l'impossibilité d'un enseignement ou d'une éducation charismatique. On peut enseigner un comportement bureaucratique, car la structure bureaucratique se caractérise par sa stabilité : « C'est une configuration durable, adaptée, avec son système de règles rationnelles, à la satisfaction, par des moyens normaux, de besoins permanents prévisibles[1]. » Mais l'autorité charismatique se caractérise par son action dans un environnement instable voire imprévisible. Ce qui fait la valeur de l'autorité, c'est qu'elle continue d'être alors qu'à tout moment, ceux qui la reconnaissent peuvent cesser de la reconnaître et, par conséquent, s'y opposer. Dans son essence, l'autorité est donc instable. Elle n'a d'autre légitimité que celle d'une puissance personnelle sans cesse confirmée par autrui. Elle s'oppose à la direction bureaucratique en ce qu'elle ne porte pas sur les besoins quotidiens. Elle assure une protection, un soutien et une assurance. Le charisme relève de l'« extraordinaire » au sens premier du terme, c'est-à-dire de ce qui n'est pas ordinaire. « Il est dans ce monde sans être de ce monde[2] », dit Weber. Autrement dit, il n'y a pas de compétences objectives relatives au charisme qui pourraient faire l'objet d'un apprentissage. Ce que, en revanche, tout dirigeant peut acquérir ou reconquérir, c'est la perspicacité et le sens de la responsabilité. C'est ce message que nous pouvons puiser dans la pensée de Max Weber : dans un monde où la réalité humaine semble toujours plus subordonnée à la

---

1. *Ibid.*
2. *Ibid.*

rationalité technicienne et dans lequel la « gestion des compétences » et la « définition de fonctions » tendent à écraser les singularités personnelles, les dirigeants doivent construire leur autorité sur leur compréhension personnelle des situations, des êtres qu'ils encadrent et sur le courage de décider malgré le cours imprévisible des événements.

10

Passons du principe
de plaisir au principe de réalité

L'entreprise n'est pas un parc d'attractions

L'entreprise est devenue obsédée par le bien-être, le bonheur, le jeu voire la câlinothérapie. Un grand nombre de sociétés avec lesquelles nous travaillons ont déménagé ces dernières années. Elles avaient besoin de locaux plus grands, plus fonctionnels, plus écologiques, plus en phase avec une image moderne et innovante. Fort bien. Certaines ont fait construire de larges campus en bordure de Paris, à la mode californienne, sans le climat mais avec des étendues gazonnées, des salles de sport, des « bureaux partagés », des cantines bio et des minibus électriques. Tout cela est formidable, vraiment, et sans doute bien intentionné. Après tout, comme le disait John Lennon quand on lui demandait si l'embourgeoisement nuisait à la créativité, on travaille mieux sur des coussins[1]. Et plusieurs études ont montré que la présence d'arbres et de plantes vertes est favorable à la productivité. Un léger malaise nous saisit néanmoins quand nous nous promenons dans ces campus verdoyants. Comme si le mélange de décors à la Disneyland, l'injonction au bien-être voire au bonheur et la persistance de méthodes managériales traditionnelles n'étaient pas naturels. Comme si ce précipité n'était pas tout à fait digeste. Comme si le management contemporain procédait par artifices en oubliant l'essentiel.

Sortons des architectures infantilisantes

Les nouveaux espaces de travail accompagneraient, paraît-il, la réinvention du travail à l'heure du numérique, de la robotique et de l'IA. L'entreprise chercherait un modèle performant pour être plus productive face à la nouvelle donne technologique. L'architecture et le design devraient contribuer à l'efficacité des salariés. La plupart des grandes entreprises se font donc un nouveau look... quasiment le même pour toutes ! Mais le design est-il si important pour mieux travailler ? Si c'est une chose d'aménager un espace, c'en est une autre d'en faire un gage d'efficacité.

Examinons ce new-look : l'architecture est de moins en moins imposante ; fini les façades

---

1. Dans l'interview donnée par les Beatles sur ITV en 1965, à la suite de la réception de leur MBE (Member of the Most Excellent Order of the British Empire). Merci à Mathieu Alterman d'avoir retrouvé cette perle.

meringuées et les surcharges décoratives. Les immenses surfaces vitrées, l'interpénétration des espaces extérieurs et intérieurs marquent la victoire de l'antimatière. Nous voilà passés des murs épais rigides et bétonnés aux parois fines et transparentes. Le modèle clair et souple se substitue au sombre et dur. Les effets positifs de ce changement de paradigme ne doivent pas être sous-estimés. Il est évident qu'un cadre de travail aéré et moderne est plus agréable. Mais nous ne devons pas, pour autant, en occulter les aspects problématiques.

Parmi ceux-là, l'infantilisation inhérente à ces nouveaux lieux de travail contribue à l'assujettissement croissant des collaborateurs. Il suffit de relever les noms de certains technopôles pour le percevoir : Les Dunes pour la Société générale (les dunes font penser à la plage), La Chocolaterie pour EDF, Le Square pour Renault. On est loin du méchant *tripalium* et plus proche de la crèche... L'infantilisation pénètre les murs et ne s'arrête pas aux façades. On retrouve à l'intérieur de ces espaces de « travail » des poufs (plus doux et mous qu'une chaise) verts, jaunes, rouges sur lesquels s'asseoir comme au jardin d'enfants, des jouets (baby-foot, consoles de jeux), des animaux décoratifs, des ballons, des inscriptions humoristiques sur les murs, des noms rigolos pour les salles, des étages à couleur de sucettes et des bonbons par milliers à chaque encablure (l'invasion des crocodiles Haribo dans l'entreprise...) ! On se croirait dans des bulles protectrices, loin de la rue, du bruit, des klaxons et de la confrontation avec la réalité du travail... trop difficile à supporter.

Le climat « cocooning » permanent se substitue à l'ambiance studieuse. Il s'agit moins de travailler, d'apprendre et de former dans la convivialité que de créer une ambiance rassurante, presque maternante. Offrant du « comme chez soi » en continu, faisant de l'entreprise un véritable « foyer » de luxe, n'y a-t-il pas, là encore, mélange des genres ? « Bébéphile » est l'adjectif qui correspond le mieux à cette nouvelle génération d'entreprises, dont la tendance est à la juvénomanie des salariés.

Refusons le « biopouvoir[1] »

L'infantilisation émane de la volonté d'absorber la vie privée. Mais une approche libérale et individualiste nous semble préférable, moralement et économiquement, à l'approche collectiviste du biopouvoir. Bien entendu, le fondu entre lieu de domicile et lieu de travail efface la frontière entre vie professionnelle et vie privée. Ce sont les usines du XXᵉ siècle qui ont érigé des barrières et éloigné les individus de leurs lieux de vie. Le XXIᵉ siècle réunifie la vie des salariés. Une DRH d'une grande entreprise nous a récemment secrètement amusés. Elle ne cessait de répéter : « Le boulot, c'est le boulot, la maison, c'est la maison. » « Pouvez-vous nous proposer une approche philosophique de cette problématique ? » C'est un faux problème. Elle-même était assise à son bureau, tapi de photos de ses enfants, de son conjoint et de son chien. Sa vie de famille envahissait visuellement sa vie

---

1. « Bio », en grec, veut dire « vie » = « pouvoir sur la vie ».

professionnelle, ce qui était d'ailleurs fort sympathique. Autant l'assumer. De même que corps et esprit sont indissociables, la vie personnelle n'est pas séparable de la vie professionnelle. Il nous est plus difficile de travailler quand notre enfant est malade. Et le jour où notre amoureux nous annonce qu'il nous quitte, sans doute sommes-nous incapable de nous concentrer. Vie privée et publique s'étreignent quotidiennement. Selon l'institut de sondages YouGov, un couple sur trois se rencontre au bureau, 16 % des salariés envoient des « sextos » en réunion et un Français sur six aimerait faire l'amour dans le bureau de son patron (mais pas forcément avec son patron, attention[1]). Conformément au cliché, le phantasme du sexe dans l'ascenseur est aussi assez répandu.

Nous n'avons qu'une vie, qu'il est difficile de compartimenter. À cet égard, la technologie est une aide. Elle nous facilite la vie en nous permettant de l'unifier sans déchirement. Au lieu de voir cette intrusion de la technologie comme une pieuvre envahissant nos vies privées, envisageons-la comme l'opportunité d'une plus grande facilité. Il est dans les pouvoirs de chacun de couper son téléphone ou son ordinateur.

Cette fausse dichotomie entre vie professionnelle et personnelle est contradictoire avec ce qu'exige l'entreprise du salarié. Par le passé, les entreprises cherchaient à disposer d'une main-d'œuvre d'exécution. Aujourd'hui, c'est l'implication subjective et entière des salariés qui est

_____

1. Sondage YouGov réalisé et publié en 2017 sur le sexe au bureau.

recherchée. Les nouveaux modèles d'entreprise, contrairement au taylorisme, qui ne prenait de l'homme que ce qui était utile à la production, veulent restituer au monde du travail l'homme dans sa totalité. L'entreprise new-look affiche ainsi sa volonté d'assumer le plein épanouissement de ses salariés, de se soucier de leur santé morale et physique... En un mot, l'entreprise prétend apporter tout ce qu'il faut pour être heureux. La bible managériale de Peters et Waterman, *Le Prix de l'excellence*[1], décrit le management à visage humain, qui considère les personnes comme l'atout essentiel pour maximiser la productivité : « Traitez les gens en adulte, traitez-les en associés, traitez-les avec dignité, traitez-les avec respect. Considérez-les comme la source primordiale de gains de productivité. » Fort bien. Cette valorisation de l'individu n'est pas suspecte en soi, mais elle peut glisser vers un contrôle total de la subjectivité des collaborateurs, ce biopouvoir que l'on voit sur certains campus. Or les entreprises, pour rester attractives pour les personnes les plus brillantes, doivent respecter un « droit d'errance[2] ». Les esprits libres et complexes acceptent mal la surveillance totale et sont capables d'articuler eux-mêmes les différentes dimensions de leur vie. C'est la raison pour laquelle nous sommes favorables au télétravail et aux bureaux fermés, allergiques aux badges et circonspects quant à l'organisation

---

1. Dunod, 1992.
2. La notion de droit à l'errance a été formalisée initialement par John Stuart Mill. Elle fait l'objet d'une actualisation par le philosophe Gaspard Koenig, qui la revendique face au pouvoir de surveillance des nouvelles technologies.

de certains campus. Il serait bien évidemment stupide de vanter un cadre de travail sinistre. Entre les deux, il y a le travail joyeux mais rigoureux, qui ne fait pas de l'entreprise une « pouponnière » ni de ses salariés des bébés. Le management « adulte » et responsable fait moins de l'aménagement de son territoire que de l'autonomie de ses salariés la condition première de son efficacité. Mais aujourd'hui la mode est au « fun »...

Stop à l'hyperfestivité

Cette idée du fun, pas du tout anecdotique, vient de loin. Les courants intellectuels « réformateurs » des années 1960 avaient transformé l'éducation rigoriste « à la dure » en une éducation plus psychologique, compréhensive et même permissive. À un système centré sur l'effort, la difficulté et l'obéissance de l'enfant avait succédé un ordre éducatif allant à l'encontre de l'esprit de contrainte et de sanction, jugé incompatible avec le respect de la psychologie du petit être. C'est cette « réforme » que l'entreprise a importée. Place à l'échange improvisé et distrayant. Le divertissement voudrait s'imposer et installer un climat récréatif quasi permanent. Il s'agit moins de responsabiliser et de former les collaborateurs que d'amuser pour mieux fidéliser. L'entreprise s'éloigne progressivement des formes emphatiques, distantes et solennelles au bénéfice du ludique. Initialement l'apanage des start-up technologiques, l'*entertainment* d'entreprise gagne tous les secteurs. On fait imprimer des tee-shirts drôles, on s'habille *casual* le vendredi et les gadgets rigolos se multiplient : coussin en forme de classeur pour faire la sieste et redémarrer son après-midi en pleine forme, chauffe-tasse USB pour être certain de conserver son café chaud à portée de clavier ou « mug qui mélange tout seul » pour éviter aux salariés de fournir l'effort surhumain de tourner une cuillère dans leur tasse. Euphorie et clips sympas dans les réunions et séminaires, c'est la fête au bureau !

Les formations sont elles aussi de plus en plus ludiques. On parle désormais de « ludification » et de « gamification ». La ludification est plutôt une lubrification. De dur et pénible, l'apprentissage doit devenir doux et agréable. C'est, selon la doctrine pédagogiste, le meilleur moyen de transmettre les compétences. Bienvenue dans le monde des *escape* et *serious games* appliqués au management. Jeux de cartes, jeux de rôles, simulation, études de cas interactives, quiz, constructions, parcours… amusez-vous en travaillant ! Les écoles de management elles-mêmes ont importé ce pédagogisme des États-Unis. Ainsi, dans l'une des principales écoles de management françaises, on apprend aux étudiants à construire des châteaux de cartes pour leur montrer « qu'un geste de travers peut tout écrouler ». On les attache les uns aux autres et on leur demande de marcher pour bien faire comprendre que « dans une entreprise, tout le monde doit aller dans la même direction ». Ces « innovations pédagogiques » ont beau accoucher de lieux communs consternants, elles n'en sont pas moins concurrentes de cours d'économie, de stratégie, de gestion ou de droit. Les premières méprisent même souvent les secondes, régulièrement qualifiées de « ringardes ».

Il est frappant et amusant de voir à quel point les managers qui vantent les mérites de ces formations ludiques en parlent avec gravité. Pour sembler sérieux, on technicise avec emphase ces nouvelles formations en évoquant une « pédagogie active » : « L'objectif est d'utiliser les mécanismes du jeu pour qu'une formation ou un séminaire rendent les participants acteurs, afin d'assurer l'apprentissage de nouveaux savoirs et leur mise en œuvre[1]. » Les salariés, engourdis dans leur fonction quotidienne, et rarement acteurs et actifs, se sentiraient d'un coup actifs et acteurs en faisant joujou. N'est-ce pas les prendre au mieux pour des enfants, au pire pour des imbéciles ? Ne faisons pas croire aux salariés déjà suffisamment entravés par leurs process qu'ils deviennent acteurs en jouant. Ils s'amuseront peut-être pas, mais devront faire signe qu'ils s'amusent. Ils ne riront pas, mais devront faire signe qu'ils rient. Il n'existe pas d'injonction plus usante que celle qui oblige à faire signe. Voilà l'employé plongé au nom du « fun » dans une situation agentique où il doit se conformer à une attitude à une mode managériale.

En jouant ainsi, les salariés s'ennuieront moins souvent (et encore !), mais n'agissent pas. Nous ne méconnaissons pas les effets positifs de cette transformation de paradigme vers davantage d'écoute, de compréhension et d'empathie. Le pédagogisme et le jeu n'ont pas que des défauts.

---

1. *Cf.* par exemple : www.cipe.fr

La compréhension n'est pas l'infantilisation et la facilité, en toutes choses, revêt toujours une face sombre.

Le management « Don Quichotte »

C'est une vision appauvrie de l'action que ces formations ludiques véhiculent, alors que l'action au sens fort renvoie au fait d'être acteur et responsable de son acte. Être sujet de ses actes, c'est choisir et décider malgré le cours incertain des événements. L'action, comme le travail, n'est pas un jeu, car elle renvoie à la réalité, là où le jeu tente au contraire de lui échapper. Le contraire du jeu n'est pas le sérieux, explique Freud[1], mais la réalité. Jouer, c'est accepter la convention d'un monde imaginaire où il est entendu qu'on se conforme à des règles ou à des situations irréelles aussi rigoureusement que si elles étaient vraies. Qu'il s'agisse d'un jeu de comédien ou d'un jeu sportif, on ne joue vraiment qu'en ayant quasiment perdu le sentiment de jouer. « Il n'y a pas plus sérieux qu'un enfant qui joue », fait remarquer Nietzsche. Familièrement, on dit qu'il est « dedans », comme un acteur est dans son rôle. En jouant, on joue à oublier la réalité de ce qui existe même si on ne l'oublie pas complètement, sauf à sombrer dans le délire. Jouer, c'est en somme jouer à oublier qu'on joue. Le jeu n'est donc possible que par un consentement à vivre l'irréel comme s'il était réel

---

1. Sigmund Freud, « Le poète et l'activité de fantaisie », 1908, in *Œuvres complètes*, vol. VIII, PUF, 2007, p. 159.

et à n'accorder provisoirement pas plus d'attention à la réalité que si elle n'existait pas. On croit volontairement à ce qu'on sait pourtant n'être qu'une fiction. Aussi le jeu crée sa propre réalité, mais une réalité imaginaire. C'est quand le jeu n'est plus seulement un espace de fiction ouvert par notre imagination mais qu'il se confond avec la réalité que le danger apparaît. Or c'est précisément là que réside le problème de l'emploi des jeux en entreprise, que ce soit pour former les salariés, pour souder les équipes ou apprendre à atteindre des objectifs.

Le philosophe italien du XIXe siècle Giacomo Leopardi était fasciné par cette capacité de la fiction de se substituer à la réalité jusqu'à la supprimer. De quelque idéologie qu'il s'agisse, écrivait-il, « le fanatisme lié à une grande illusion triomphe de tout. Celui qui ignore de combien d'illusions est capable le cœur humain, même quand elles s'opposent à ses intérêts, et combien ce cœur s'attache souvent à ce qui lui nuit visiblement, celui-là ne l'a pas bien observé[1] ». Le risque de croire en une réalité imaginaire est de se confondre soi-même avec le rôle joué. C'est l'une des explications possibles du fanatisme. L'entreprise n'en est pas là, mais elle entretient cette illusion : vouloir croire à ce à quoi on ne croit pas.

L'entreprise peut être comme Don Quichotte, l'homme pour lequel le réel n'a jamais eu lieu. Chacun se souvient de l'hidalgo qui combat des moulins qu'il confond avec des géants. Il ne voit pas ce qui est et préfère voir ce qu'il veut. Ses

---

1. Giacomo Leopardi, *Zibaldone*, Allia, 2003.

fictions deviennent plus vraies que le vrai, qui, en retour, devient fictionnel. Don Quichotte voit dans un moulin un géant, dans une modeste auberge un château mirifique, dans des grains de blé des perles d'Orient. Son imagination fait la loi. Il est pauvre en réalité et riche en fictions, comme le sont certaines entreprises qui préfèrent les jeux au sens de l'action, et les mots creux aux mots qui parlent. Pourquoi préférer la fiction ? Car la réalité est difficile et douloureuse. Il est difficile et douloureux de travailler, de s'élever, de gagner de l'argent pour l'investir dans un projet qui a du sens. Aussi l'entreprise préfère-t-elle parfois les illusions qui bercent à la réalité qui blesse. Le salarié échappe ainsi, par le jeu, à la difficulté du réel, à ses frustrations, à ses confrontations douloureuses, à la simple idée qu'il faut travailler pour manger. Le manager, en amusant ses ouailles, échappe à leurs commentaires, à leurs mécontentements, à leurs soupirs ou manque de motivation. Dans les deux cas, celui du manager comme celui du salarié, l'attrait pour le jeu manifeste une préférence pour une illusion ludique plutôt que pour une réalité laborieuse. Si le jeu permet d'apporter une respiration, un plaisir, un soulagement, une récompense après l'effort, il peut être justifié. Mais le risque existe de préférer la fiction du jeu à la réalité du travail. Auquel cas, l'entreprise et son projet ne seront jamais gagnants.

Les formateurs ludiques insistent sur le fait que le jeu n'est pas le but en soi mais doit servir d'autres finalités, comme souder une équipe. Ces finalités sont « business » et le moyen amusant. Cette idée nous semble hypocrite et fallacieuse.

Elle consiste à faire croire à une finalité extérieure au jeu, ce qui est totalement incompatible avec la définition même du jeu : « activité sans autre but qu'elle-même ou le plaisir qu'on y trouve, et sans autre contrainte que ses propres règles » (Larousse). Les formateurs font croire à la transposition possible du jeu dans le domaine de l'entreprise, alors même que le principe sur lequel ils s'appuient (à savoir le jeu) l'exclut de fait. Ces outils ludiques ne peuvent être que des alibis et ces formations de vaines promesses. Demandez d'ailleurs à un collaborateur ce qu'il retient d'une gamification et ce qu'il a su en transposer dans son travail quotidien... S'il répond un « agréable moment » ou une « meilleure connaissance de ses collègues », c'est déjà beaucoup. Le plus souvent, ça ne sert à « rien ».

La confrontation avec le réel, l'analyse et l'action, qui supposent un travail, des lectures, une réflexion, est remplacée par ce management juvénile, qui consiste à faire du loisir une loi d'existence, du plaisir un principe de réalité et de l'émotion compassionnelle une bonne conscience. Il ne s'agit pas pour nous, à l'opposé de cette bébéphilie, de verser dans le réactionnisme rigoriste. Entre les deux, il doit y avoir une place pour un management « adulte », dans la joie et la convivialité. Être adulte, c'est passer du plaisir à la réalité, du culte du divertissement à celui du travail efficace, du « fun » à la responsabilité, ce qui n'exclut en rien la bonne humeur.

Misère du nominalisme

Sigmund Freud définit le passage de l'enfance à l'âge adulte par la capacité qu'a l'individu de substituer à son plaisir les exigences du réel. Le bébé attend que le monde (en l'occurrence sa mère) se plie à ses désirs, l'adulte quant à lui sait changer ses désirs plutôt que l'ordre du monde. Un management adulte, positiviste, responsable, est un management qui s'adapte à la réalité sans la nier. Or l'entreprise préfère bien souvent en occulter les parts sombres...

Hôtel Pullman, sur la corniche à Marseille. L'un des plus beaux paysages de France. Un endroit luxueux, urbain et sauvage. Rendez-vous avec la présidente d'une grande entreprise industrielle et son responsable de la communication pour l'aider à écrire un discours d'ouverture de l'université d'été destiné aux collaborateurs. D'un côté doivent absolument figurer les termes « audace », « innovation », « risque », « changement », « mutation »... De l'autre, chacune de nos propositions est retoquée, car « elle ne serait pas comprise », « la presse pourrait tomber dessus », « il faut en parler avant à nos actionnaires », « cela pourrait effrayer nos salariés »... Ressort de cette discussion un discours désincarné, général, sans aucun intérêt, pire que n'importe quel politique adepte de la langue de bois pourrait en rêver. Le discours, pour éviter tout risque d'improvisation, sera entièrement écrit et lu, de « Bonjour à toutes et tous » à « et maintenant place à la fête ». Franchement, nous aurions mieux fait d'aller nager dans la piscine.

Avant chaque atelier philosophique, un « tea-ser » annonçant le thème de la séance est envoyé aux participants. Dans l'un d'entre eux, figure le mot « burn-out ». La DRH d'un groupe appelle immédiatement l'indigne auteure de ces lignes bien imprudentes, avec une voix de psychanalyste qui tente désespérément de calmer un tueur en série :

« Mieux vaudrait enlever quelques mots qui peuvent choquer...

— Ah bon, lesquels ?

— Le mot "burn-out" est trop sensible, vous savez... Beaucoup de personnes en souffrent dans notre entreprise, mieux vaut ne pas prononcer la chose.

— Vous pensez donc qu'il faut taire le mal pour envisager un mieux ?

— Oui, je préfère enlever les mots qui renvoient à des situations sensibles... Ne prenons pas de risques vis-à-vis de nos salariés... »

Nous avons là un exemple magistral d'une confusion entre les mots et les choses. Comme si ôter un mot atténuait la réalité, comme si le mot « chien » mordait. Le monde de l'entreprise n'échappe pas au nominalisme, ce travers de l'époque. Dans le monde politique et dans celui du secteur privé, on se pare de mots, on en enlève certains, comme si l'emploi du vocabulaire transformait la réalité, comme si le signifiant faisait apparaître, ou disparaître, comme par magie le signifié.

11

Libérons-nous
de l'idéologie bonheuriste

CHO et QVT : sigles malheureux
pour bonheur impossible

Derrière le jeu, c'est la promesse du bonheur qui envahit les entreprises. Voilà même que, dans certaines sociétés, on arbore des tee-shirts « *Talk less smile more* » (« Parle moins et souris davantage »). On ne compte plus les formations et les séminaires qui expliquent l'impact positif du « bonheur en entreprise » sur les performances financières, ni les conventions d'entreprise qui forcent les salariés à danser avec une joie plus ou moins sincère sur le « Happy » de Pharrell Williams, devenu sans le vouloir le chanteur attitré du management contemporain. Le bonheur est devenu un facteur de production qu'il convient de maximiser pour augmenter les prix. Salarié heureux = salarié rentable. Cette mode du bonheur en entreprise s'est même traduite par la création d'un nouveau métier, le Chief Happiness Officer (CHO). La description exacte du poste est la suivante : « *CHO in which the H stands for humor, human, happiness, helps organizations to bring back the fun*[1]. » Ce malheureux CHO surchargé de « h » aussi multiples que confus est chargé de contribuer à l'épanouissement des collaborateurs. Le simple fait que certaines entreprises aient dû créer un poste pour « rendre les collaborateurs heureux » en dit long, à la fois sur les échecs du management traditionnel et sur la confusion des concepts qui dérègle la vie professionnelle.

Ce CHO travaille étroitement avec le responsable QVT : qualité de vie au travail. Le sigle, mal choisi car phonétiquement proche de « cuvette », entretient cette idée d'une comédie managériale. Les CHO responsables de la QVT doivent expérimenter de nouvelles manières de concilier performance et mise en œuvre d'organisations du travail favorisant le bien-être et la vie des salariés. Cette assignation au bonheur rejette comme dérangés ou pathologiques ceux qui n'y souscrivent pas. La QVT s'est transformée en dogme, en catéchisme collectif. Il devient suspect de ne pas être rayonnant. C'est toute une éthique du « bien dans sa peau » issue, comme nous le verrons plus loin, de l'utilitarisme anglo-saxon, qui oriente insidieusement le management. Au lieu d'admettre que le bonheur constitue un art de l'indirect qui survient ou non, en fonction de paramètres qui ne dépendent pas

---

1. Traduction par nos soins : « Le CHO, dans lequel le H représente l'humour, l'humain, le bonheur, et aide les organisations à faire renaître le fun. »

toujours de nous, il est fallacieusement présenté comme un objectif directement atteignable, immédiatement accessible, recettes à l'appui. Nombreux sont les livres qui nous promettent le bonheur en dix, quinze ou vingt leçons. Or le bonheur quand il nous effleure ne nous fait-il pas l'effet d'une grâce, d'une faveur, non d'un calcul rationnel ou d'une conduite spécifique ? Le bonheur devient une industrie consommatoire et le nouvel ordre moral. Voilà les salariés coupables de ne pas être heureux alors même que tout est fait pour leur bien. Le malheur n'est plus seulement le malheur mais l'échec du bonheur, c'est-à-dire l'échec du salarié.

Les dangers de la mode « bonheur »

Allons au-delà des bons sentiments pour comprendre d'où vient l'idée du bonheur en entreprise et pourquoi elle nous semble délétère. Car le « bonheurisme » a des racines philosophiques profondes.

Depuis l'Antiquité, les sens du « bonheur » sont contradictoires et successifs. Au Ve siècle, saint Augustin dénombre de multiples opinions diverses sur ce thème[1]. Le XVIIIe siècle consacre au bonheur une cinquantaine de traités. Il est dans la nature de cette notion d'être une énigme : « Une eau qui peut épouser toutes les formes, mais qu'aucune forme n'épuise[2] », écrit Pascal Bruckner dans *L'Euphorie perpétuelle*.

—————

1. Saint Augustin, *Les Confessions*, GF Flammarion, 1993.
2. Pascal Bruckner, *L'Euphorie perpétuelle. Essai sur le devoir de bonheur*, Le Livre de poche, 2002.

Comme l'explique Luc Ferry, dans le monde occidental, deux morales laïques sont en concurrence depuis des siècles : la morale républicaine et la morale utilitariste[1]. La philosophie républicaine, celle de Kant, Tocqueville ou Rousseau, place la liberté et l'émancipation au cœur du projet humain. L'homme, à la différence des animaux, est peu régi par ses instincts ; il n'est, à la différence des machines, pas programmé. Il est donc le seul être métaphysiquement libre. Même s'il est partiellement déterminé par ses gènes, sa vie est façonnée par son histoire et sa culture. L'homme grandit en travaillant, en construisant le monde, en s'émancipant de ses origines, en s'arrachant à la nature. Comme dans la dialectique du maître et de l'esclave de Hegel, le travail est au cœur de cette philosophie en ce sens qu'il singularise l'homme. La philosophie utilitariste, celle de Bentham et même, dès le XVIIe siècle, de Hobbes, considère que l'objectif ultime de l'action humaine doit être de maximiser la quantité de bien-être dans la société. Le but de la politique est de rendre le plus grand nombre d'individus le plus heureux possible. Ainsi, une restriction de liberté est acceptable si elle accroît le bien-être. Historiquement, l'Allemagne et la France ont plutôt adhéré à la morale républicaine et les pays anglo-saxons à la morale utilitariste. Mais, comme l'explique Luc Ferry, depuis les manifestations de Mai 68, dont on oublie trop souvent qu'elles prirent leurs racines aux États-Unis, la morale utilitariste (dont

---

1. Luc Ferry, 7 *façons d'être heureux ou les paradoxes du bonheur*, XO, 2016.

la réforme éducative pédagogiste fut un avatar) envahit nos sociétés, ce qui se traduit par l'obsession du bien-être. Vouloir être heureux devient la norme sociale ultime, d'où la prolifération et le succès d'ouvrages sur le développement personnel. D'où aussi l'idée selon laquelle l'entreprise doit être un outil au service du bonheur. La question des conditions de travail, des horaires, mais aussi la qualité de la cantine d'entreprise ou l'aération des bureaux deviennent clés. Les DRH sont sommés de contribuer au bonheur des collaborateurs. Les tables de ping-pong, les baby-foot, les salles de repos, les jeux vidéo envahissent les entreprises, quand elles n'accueillent pas des professeurs de yoga et des coachs en méditation.

Le problème, c'est que l'entreprise est par construction le lieu de la morale républicaine. Elle est une organisation dont le but est de contribuer à la construction du monde. L'entreprise est le lieu de l'effort, du travail, de l'investissement, du risque mais pas du bonheur. La morale utilitariste envahit un monde pour lequel elle n'est pas faite. C'est cette contradiction fondamentale qui explique que cette obsession du bonheur en entreprise sonne faux, comme un décor en carton-pâte. Les thuriféraires du bonheur en entreprise vont nous expliquer, chiffres à l'appui, que les salariés heureux sont les plus productifs. On l'imagine à vrai dire sans peine, mais cette quasi-tautologie ne nous dit rien d'intéressant. D'une part travailler est souvent difficile et peut, à court terme, diminuer notre bien-être. D'autre part le bonheur est largement indépendant de l'entreprise.

Le bonheur ne doit pas être l'objectif premier

L'entreprise n'est pas faite pour le bonheur et la quête du bonheur n'est pas toujours souhaitable. L'économiste Mickaël Mangot rapporte plusieurs études qui montrent que les individus qui recherchent le plus activement le bonheur sont, en moyenne, moins heureux que les autres[1]. Cela n'a rien d'étonnant. Parce que le bonheur comme état continu est inatteignable. Pour qu'il en soit autrement, il faudrait qu'il ne dépende que de nous, ce qui d'évidence n'est pas le cas. Parce que, de surcroît, il existe, dans la vie, des choses plus grandioses que le bonheur individuel. Les utilitaristes auraient beaucoup de mal à montrer que, pendant la Seconde Guerre mondiale, les résistants recherchaient leur plaisir individuel. Ils plaçaient l'idéal de liberté au-dessus de leur confort immédiat. De façon générale, il est difficile de penser que les génies courent après le bien-être. Le travail, la ténacité, l'application, l'obstination seuls peuvent faire des prodiges. Balzac, Picasso, Freud, Flaubert, Mozart, Dostoïevski consacraient peu de temps aux loisirs. Sans doute étaient-ils parfois las. L'entreprise est le lieu de la morale républicaine, pas du loisir et, même à notre époque obsédée par le « développement personnel », on devrait être en droit de placer la liberté, l'autonomie, le travail, la volonté de changer le monde très haut dans nos objectifs.

---

1. Mickaël Mangot, *Heureux comme Crésus ? Leçons inattendues d'économie du bonheur*, op. cit.

Les moments de bonheur que nous connaissons prennent forme essentiellement dans la sphère la plus intime de notre vie personnelle. Il s'agit bien de « moments », car le bonheur comme état permanent est inatteignable. C'est, là encore, ce que montre Luc Ferry de façon irréfutable[1]. Le « bonheurisme » veut nous convaincre que nous détenons, en nous-mêmes, les clés du bonheur : aimons la vie comme elle est, car il n'y en a pas d'autres possibles ; soyons sages au point de désirer moins et d'aimer plus. Très bien, mais Ferry porte un coup fatal à cette argumentation à laquelle on aimerait adhérer : en vérité, le bonheur ne dépend pas que de nous. Aurions-nous pu atteindre la félicité si, juifs, nous avions vécu en Allemagne ou en Pologne dans les années 1930 ? Évidemment pas. Le développement personnel peut-il nous consoler quand l'un de nos proches sombre dans la dépression ? Pas plus. Le bonheur demeure-t-il le jour où l'être aimé nous quitte et part faire sa vie avec un autre ? Nous n'y croyons pas. Prétendre que les séances de yoga du midi ou la pause baby-foot contribuent au bonheur ne peut amener les responsables d'entreprise et les salariés qu'au-devant d'immenses désillusions et à de grandes incompréhensions voire à des conflits. Les Chief Happiness Officers en viendront à se faire détester et le responsable de la QVT terminera noyé dans la cuvette...

Pour résumer voici les quatre raisons qui font du bonheur en entreprise une hypocrisie :

---

1. Luc Ferry, *7 façons d'être heureux ou les paradoxes du bonheur*, op. cit.

1. Le bonheur est indéfinissable. Le malheur l'est : un accident, une séparation non souhaitée, une maladie incurable, la mort d'un enfant... La cause du malheur est souvent aisée à identifier. Est-ce que gagner au loto rend heureux ? Ce n'est pas certain. Tomber amoureux ? Peut-être, mais pour combien de temps ? Posséder une belle maison ? Oui, mais est-ce que cela suffit ? Rien n'est certain en matière de bonheur, contrairement au malheur, bien assignable lui. Voilà la raison pour laquelle il est plus simple de rendre les gens malheureux qu'heureux.

2. Le bonheur n'est pas un état stable. Il est fragile, incertain. Chacun connaît des moments de joie et de plaisir. Mais parvenir au bonheur comme état permanent est inatteignable. Viser cet état qui n'en est pas un est futile.

3. Le bonheur dépend des autres. S'il arrive malheur à nos enfants, nous ne pourrons pas être heureux. L'idée que le bonheur dépend en dernier ressort de soi-même, d'un travail sur soi, ou d'une entreprise, est un mensonge. Le bonheur et le malheur ne se réduisent évidemment pas aux efforts des collaborateurs. Inutile donc d'exiger d'eux qu'ils soient heureux. Les plus consciencieux ne pourront mieux faire que sombrer dans la culpabilité.

4. La réalité du travail n'est pas toujours rose. Les salariés subissent des pressions économiques, leurs objectifs sont difficilement atteignables, certains managers sont mauvais et les process sont lourds. Les collaborateurs devraient donc se débattre dans cette injonction paradoxale : se montrer heureux bien qu'archi-stressés et entravés

dans leurs initiatives. L'infrastructure économique du XXIe siècle exige de conférer aux salariés de l'autonomie au sein d'organisations simples, souples et qui font sens. Dirigeants : commencez par là.

Lors d'un séminaire organisé par une grande banque, un professeur de yoga est mobilisé pour enseigner le « lâcher-prise ». Les nouvelles recrues sont alignées, chacune positionnée sur son tapis individuel. Le pied d'une jeune fille fraîchement recrutée dépasse sur le parquet. Le professeur le remarque et s'exclame : « Regarde ton pied. Il n'est pas sur le tapis. Cela signifie que tu as du mal à trouver ta place dans la banque. » La collaboratrice juste arrivée fond en larmes. Cette anecdote est révélatrice de ce qu'il advient quand on greffe un utilitarisme collectivisé dans un environnement de travail. L'entreprise se méfie des individualités. Elle considère en outre qu'elle doit contribuer à la détente de ses salariés, voire à leur bien-être. Du coup, elle organise des cours collectifs de yoga. Or on ne peut pas forcer les gens à se détendre complètement dans un environnement de travail, de performance et de représentation sociale.

La joie comme conséquence du travail

Il est de la responsabilité des dirigeants d'entreprise et des managers de faire en sorte que l'environnement de travail soit le plus agréable et convivial possible. Les collaborateurs qui participent à une mauvaise ambiance parce que rien ne va jamais doivent être recadrés. Et si leur malheur vient de l'entreprise, ils doivent en tirer les conclusions et partir.

La joie, dit Bergson, est le signe que la vie a réussi. La joie véritable est toujours celle qui naît d'une création : celle d'une mère qui a donné la vie, celle d'un artisan ou d'un salarié qui voit prospérer son travail ou de l'artiste qui a enfanté une œuvre. Lorsque notre propre vie constitue l'ouvrage, la joie est plus forte et peut-être plus durable. Le malheur de l'homme ne vient pas uniquement des souffrances, qu'on peut toujours soulager par un médicament ou par le temps. Le plus grand malheur, c'est de ne pas éprouver ce sentiment d'accomplir et de façonner quelque chose. Toute entreprise doit en ce sens pouvoir au final transmettre de la joie, ce sentiment de création, sinon d'accomplissement, de soi par soi. Les dirigeants d'entreprise et les managers doivent pour cela apporter : 1. un projet ; 2. une stratégie ; 3. de bonnes conditions de travail. Le raisonnement à suivre pour faire des salariés des collaborateurs bien au travail est l'inverse de l'illusion bonheuriste : au lieu de faire du bonheur une condition de travail, considérons la joie comme une conséquence. Faisons tout pour que les salariés trouvent sens et s'accomplissent dans leur travail, ils se sentiront d'autant plus joyeux. Le travail doit pouvoir être une cause de joie. Si cela contribue au bonheur, tant mieux. Soutenir à l'inverse que le bonheur constitue une condition pour bien travailler relève d'une tyrannie inefficace. Nous constatons malheureusement que, trop souvent, le baby-foot, les plantes vertes et la méditation express du midi se substituent au projet, au travail et au sens.

Le bonheur ou la joie comme conséquence d'un travail réussi, oui ; le bonheur ou la joie comme condition de performance, non.

Le bonheur serait alors une notion instrumentalisée dans un but économique, or le bonheur doit impérativement être une affaire privée.

12

Retrouvons du sens

La malheureuse définalisation
de l'innovation

Nous voici arrivés au cœur de notre argumentation. Nous pensons que le management contemporain consomme des artifices pour compenser la « définalisation » de l'entreprise. Les entreprises ont perdu le sens du projet et, ainsi, la principale source de motivation de leurs salariés.

Le fait est que la plupart des dirigeants et managers d'entreprise ne sont pas capables d'expliquer pourquoi on devrait travailler dans leurs équipes. Quand nous leur demandons pourquoi ils innovent, ils nous répondent « pour survivre », « pour gagner des parts de marché », « parce que nous n'avons pas le choix ». Ces réponses sont compréhensibles. Dans cette période de destruction créatrice mondialisée, l'innovation n'est pas un choix. Elle seule permet aux entreprises de ne pas sombrer dans une guerre des prix appauvrissante et sans fin. Simplement, elle laisse en friche la question du sens. Cette définalisation n'est pas nouvelle. Elle vient même de loin. Elle est un héritage des Lumières, profondément ancré en nous. Ce n'est donc pas un problème simple. L'économiste américaine Deirdre McCloskey a montré que le capitalisme est véritablement né au siècle des Lumières sous l'emprise des valeurs bourgeoises[1]. L'influence des artisans, des commerçants, des entrepreneurs s'est alors étendue jusqu'à normaliser l'amour de la nouveauté, du travail bien fait et de l'argent. L'amélioration des conditions de vie est devenue une fin en soi. Le sens ne s'est pas complètement perdu, mais il est devenu matériel et immanent. Certains y voient la sortie progressive de la religion, d'autres un effet de la diffusion des Lumières qui avaient fait de l'homme le but de toute chose, la valeur suprême, mais en oubliant peut-être que l'esprit était une composante de l'individu. Comme l'écrit Étienne Klein : « N'avons-nous pas visé trop bas ? Le ventre plutôt que la tête[2] ? » Finalement, le XXᵉ siècle est devenu celui du non-sens. Cette définalisation a mené à ce que Heidegger appelle le « monde de la technique », un monde où l'individu, aliéné par la technique, se perd ; un monde où moyens et fins se confondent. Pour le philosophe allemand, la technique et l'innovation sont devenues « instrumentales ». Elles se sont mises au service d'elles-mêmes et les humains risquent de devenir des agents passifs.

1. *Cf.* Pierre Bentata, *Les Désillusions de la liberté*, Éditions de l'Observatoire, 2017.

2. Étienne Klein, *Sauvons le progrès. Dialogues avec Denis Lafay*, L'Aube, 2017.

Heidegger avait anticipé avec une stupéfiante profondeur le mal de l'entreprise moderne : la définalisation de l'innovation et la réification des collaborateurs réduits à un capital librement disponible. Notre pratique du conseil en entreprise valide chaque jour la justesse de cette thèse au début du XXIᵉ siècle. On travaille rarement pour réaliser un projet collectif, souvent pour gagner sa vie, souvent sans savoir trop pourquoi. C'est devenu une « obligation sociale ».

« Motivation » vient de « motif », lui-même dérivé du latin *movere*, qui signifie « mouvoir ». La motivation est ce qui nous met en mouvement. Or ce qui nous met en mouvement, c'est avoir un endroit où aller, un objectif. Le travail et l'innovation ne se suffisent pas à eux-mêmes. La définalisation généralisée dans l'entreprise rend tout effort de management quasiment inefficace. Sans autre projet que la survie et le profit, on ne donne que le strict minimum[1]. C'est dans ces conditions que les contrôles deviennent nécessaires. La « refinalisation » par le projet de l'entreprise, au contraire, motive et régule les actions des salariés. L'innovation et la réalisation de profits élevés sont des objectifs absolument nécessaires, mais des objectifs intermédiaires, des contraintes au service d'un but plus élevé : celui

---

1. La maximisation du profit est l'objectif unique de l'entreprise dans la théorie économique standard. C'est la raison pour laquelle les salariés doivent être contrôlés pour éviter tous les comportements opportunistes. Cette modélisation n'est pas inintéressante, mais, encore une fois, elle renvoie une image anthropologiquement et philosophiquement appauvrie de l'action humaine.

d'améliorer le monde en fabriquant des médicaments, des meubles, des maisons, en commercialisant des produits alimentaires, en éduquant et en soignant, en rendant des services aux entreprises qui, elles-mêmes, contribuent à améliorer la vie des gens...

Le travail doit impérativement avoir un sens

Tous les travaux et toutes les façons de travailler ne se valent pas. Dans *La Phénoménologie de l'esprit*, publiée en 1807, Hegel explique pourquoi les hommes doivent travailler et pourquoi, même confusément, ils le ressentent comme tel. Le travail n'est pas seulement un moyen de percevoir des revenus ou de mener une vie sociale. Pour Hegel, la confrontation des consciences humaines doit conduire, à partir d'un certain stade de l'histoire, à ce que des individus acceptent d'être asservis en échange de la vie sauve. C'est de cette acceptation que provient l'établissement de l'esclavage sous l'Antiquité. Dans la concurrence que se livrent les humains, certains parviennent à devenir les maîtres, tenant les esclaves sous leur joug. L'esclave travaille alors pour le plaisir du maître, qui bénéficie du repos, des loisirs et des plaisirs consuméristes liés à sa position. Mais bien que l'esclave travaille pour le maître, il travaille aussi pour lui. Le maître accapare la production matérielle de l'esclave, mais l'histoire de la relation entre ces deux-là n'est pas qu'un simple transfert de richesse de l'un vers l'autre.

Il est une autre déformation dans leur relation, invisible celle-là. L'esclave qui travaille actualise son humanité, car il s'arrache à la nature. L'*Homo faber* qui sommeillait en lui se réveille par obligation. Il produit des denrées agricoles, construit des maisons, des meubles, bâtit des routes... En civilisant le monde, il se civilise lui-même. Le travail l'éloigne de plus en plus de la position de l'animal, dont se rapproche le maître, vautré dans son repos et ses loisirs. Finalement, l'esclave devient profondément humain alors que le maître, incapable de subvenir lui-même à ses besoins, se déshumanise. L'humanité du maître ne se lit plus que dans la jouissance que lui procure la consommation des produits que lui apporte l'esclave ; elle se réduit à peau de chagrin. Cette idée grandiose de Hegel, la « dialectique du maître et de l'esclave », est tout sauf abstraite. L'abandon du travail peut faire s'effondrer des empires[1].

Ce passage de *La Phénoménologie* explique d'un même mouvement pourquoi le travail est au cœur de notre civilisation depuis deux millénaires, pourquoi ne pas travailler est un malheur et enfin pourquoi chaque travail doit avoir un sens. Hegel s'inquiète par anticipation d'un univers procédurisé et définalisé. Le problème est moins la quantité de travail que l'impossibilité d'avoir conscience de son travail. Les process et les réunions à n'en

---

1. L'historien italien Aldo Schiavone montre que la perte du goût de l'effort a signé le déclin de Rome, alors même que l'Empire disposait des connaissances pour mener une véritable première révolution industrielle. Le déclin de Venise est également ment lié à la passion pour l'apparat, le carnaval, les loisirs...

plus finir sont vécus par les salariés comme une perte de temps au sens littéral. Dans la majorité des cas, ces contraintes les éloignent de la véritable nature de leur travail. L'entreprise parle d'ailleurs de plus en plus de « fonctions » et de moins en moins de « métiers ». Ce n'est pas un hasard si la description des fonctions reste obscure : c'est parce qu'elles obéissent à une technicité tellement spécialisée qu'elles finissent par ne plus avoir de sens[1].

Hegel nous enjoint de comprendre les hommes, des hommes qui veulent voir l'effet de ce qu'ils font. De nombreux dirigeants d'entreprise nous disent : les jeunes veulent « avoir un impact ». Derrière cette formulation langagière hasardeuse se cache une grande idée : le travail doit façonner le monde et l'individu. Dans vos entreprises, dirigeants et managers, ôtez tout ce qui n'est pas indispensable au cœur de métier de vos salariés. Considérez-les comme des artisans et non comme des robots. Les robots n'ont pas (encore) conscience d'eux-mêmes. Laissons-leur le travail automatisable. Utilisez l'intelligence humaine pour ce qu'elle est : sa capacité à mettre en œuvre un projet pour transformer la réalité. Ne croyez pas que cette injonction soit réservée aux ultra-diplômés. Une femme de ménage peut avoir plus facilement conscience de son travail qu'un administratif. C'est ce qui explique que de nombreux individus, diplômés des plus prestigieuses écoles, retournent faire un CAP après vingt ans d'expérience professionnelle

---

1. *Cf.* Julia de Funès, *Socrate au pays des process, op. cit.*, chapitre sur le tour de table.

à hautes responsabilités, pour retrouver du sens et de la matière ! Nous avons rencontré de nombreux centraliens ou polytechniciens qui, après avoir assuré des postes de direction générale, ont passé et obtenu (quoique pas toujours) des CAP de pâtisserie-boulangerie. Nous connaissons bien une ancienne banquière devenue vitrailliste... Trop déconnectés de la matière, incapables de percevoir leur contribution à la construction du monde, loin de s'accomplir dans leurs fonctions de service, ils ont éprouvé le besoin de revenir au sérieux de l'artisanat, qui exige effort et constance en transformant de la matière.

Le travail comme *praxis*

Comme la technique et l'innovation, le travail a subi une définalisation. Dans la pensée classique, il incarnait la peine et la souffrance et renvoyait à la catégorie de la nécessité. L'esclave était enchaîné aux tâches basses et serviles. Il fallait travailler pour assouvir les besoins les plus bas. Il n'y avait de liberté intellectuelle, politique ou oisive pour l'homme que dans la mesure où il était libéré de la nécessité. Si les artisans accédaient au rang de citoyens, ce n'était pas grâce à leur travail mais malgré lui. Le christianisme, les Lumières et l'éthique républicaine ont inversé cet ordre des choses : aujourd'hui, si on a une place dans la citoyenneté, ce n'est pas malgré son travail mais grâce à lui.

Même si le christianisme avait commencé à valoriser le travail, c'est au XVIIIe siècle qu'il a été explicitement associé à une forme de jouis-sance. Diderot et d'Alembert écrivent dans l'*Encyclopédie* que le travail « est la source de tous les plaisirs et le remède le plus sûr contre l'ennui ». Le travail passe donc progressivement de la catégorie de la nécessité à celle de la liberté, de l'ouverture, de l'épanouissement[1]. Les débuts de la révolution industrielle dessinent l'espoir d'une libération au moins physique de l'homme grâce à la machine. Le passage du sens 1 du travail (nécessité) au sens 2 (liberté) correspond au passage du travail comme moyen au travail comme fin. Nous voyons ce que cette idéologie des Lumières pose comme problème dans les entreprises : le travail est définalisé et, dès lors, il est littéralement difficile de motiver les salariés. C'est la raison pour laquelle nous plaidons pour un retour du sens et de ce que les philosophes à partir d'Aristote appellent *praxis*. La *praxis* est l'action qui transforme d'un même mouvement le monde et celui qui l'accomplit. Aristote distingue la *praxis* de la *poiesis* qui n'est qu'une opération quasi mécanique de production, c'est-à-dire un simple faire. Le travail comme *praxis* permet l'épanouissement des facultés de celui qui travaille. Il lui permet de se saisir de ce qui fait son humanité. C'est le travail qui élève et accomplit, comme chez Hegel. Le travail comme *poiesis* est mécanique.

---

1. C'est au même moment qu'au Japon la classe des marchands, pour s'élever socialement, cherche à concilier les vertus confucéennes avec le travail et la richesse. Les marchands définissent ainsi le *chonindo* (« voie du citadin »), qui considère que l'artisanat, le commerce, le travail, la production sont des formes de la vertu. Voir Pierre Bentata, *op. cit.*

Il asservit celui qui travaille, qui est dépossédé de lui-même.

Malheureusement, la plupart des entreprises envisagent les fonctions comme des *poiesis* et non des *praxis*. Les salariés appliquent mécaniquement plus qu'ils ne se réalisent. C'est l'impossibilité de voir comment leur travail transforme le monde qui dévitalise les collaborateurs et génère des maladies professionnelles comme les *brown-out*. Le travail n'étant pas toujours vécu comme épanouissant ou humanisant, le collaborateur est réduit au rang de ce que Hannah Arendt appelle un animal *laborans*, un vivant qui travaille pour subvenir à ses besoins. L'animal *laborans* accède à la dignité de l'*Homo faber*, c'est-à-dire de l'homme qui s'humanise en transformant le monde, quand il est capable de penser sa pratique, de réfléchir à ce qu'il fait et à la façon dont il le fait. Pour paraphraser Marx, les abeilles du temps de Virgile bâtissaient leurs ruches de la même façon que les abeilles qui bourdonnent dans nos jardins. C'est que l'animal ne connaît pas la *praxis*. Son savoir-faire est moins un savoir qu'un instinct. L'homme, lui, atteste son humanité dans des actes rationalisés, réfléchis, à partir d'une attitude critique qui témoigne de sa faculté de juger. L'homme devrait être celui qui réussit à ne pas séparer travail, action et réflexion. C'est cette place pour la réflexivité qu'il faut laisser aux salariés sous peine de les voir réduits à des animaux *laborans*. C'est seulement ainsi que « l'humain », comme on dit à tour de bras dans les entreprises, sera réellement pris en compte.

Ce n'est pas parce que cette valorisation du travail n'est pas « fun », distrayante ou divertissante qu'elle n'est pas joyeuse. C'est une chose de dire que, par le travail, on contribue au maintien voire à l'accroissement de son estime personnelle ; c'en est une autre de transformer le travail en un impératif suprême où l'individu devient esclave de son activité et où aucun autre espace de liberté ne lui est accessible. C'est une chose de travailler pour vivre une vie épanouie ; c'en est une autre de vivre uniquement pour travailler. C'est une chose de penser le travail comme un moyen d'accomplissement ; c'en est une autre de le penser comme la forme suprême de l'accomplissement. C'est une chose de reconnaître l'importance du travail dans la vie d'un individu ; c'en est une autre de réduire un homme à son travail. La tempérance est une vertu cardinale.

Un projet au service du progrès

Le travail n'est pas bon en soi. Le résultat de la *praxis* doit avoir une valeur morale, car le travail, lui, n'en a pas. Voilà un sujet qui ne laisse pas d'étonner les dirigeants d'entreprise, persuadés que cette « valeur travail » existe. Comme l'a montré André Comte-Sponville dans plusieurs conférences, cette valeur n'existe pourtant pas en elle-même. Si le travail était une valeur, comme le remarque le philosophe, il ne serait pas payé. Reçoit-on une indemnisation pour être juste, pour être bon ou pour aimer ? Le travail est une nécessité, un outil, le meilleur moyen pour nous, humains, de construire notre monde, de bâtir notre liberté, de nous humaniser toujours plus. C'est un outil magnifique, mais l'outil ne donne pas le sens.

Le psychiatre Boris Cyrulnik raconte souvent cette histoire. Un voyageur marche sur une route de campagne. Il y croise un tailleur de pierre, la figure rouge, le front transpirant, la mine harassée et miséreuse. « Que fais-tu ? lui demande-t-il. – Tu le vois bien, répond-il dans un souffle, je taille des pierres. » Quelques kilomètres plus loin, il croise un autre tailleur de pierre, le regard neutre. « Que fais-tu ? – Je travaille pour payer des études à mes enfants. » Quelques kilomètres plus loin, un troisième tailleur de pierre chante, les traits souriants. « Et toi, que fais-tu ? – Je construis une cathédrale ! » Travailler beaucoup, oui ! Travailler durement, oui ! Dans la joie, souvent, sous la contrainte, parfois. Mais être capable de percevoir ce pour quoi nous travaillons, en mesurer les résultats. Être certain que cela améliore le monde. Le progrès est une possibilité, ni plus ni moins. C'est un choix, le choix du sens donné au travail humain.

Et quand le sens est introuvable ?

Comme le remarque Pierre Bentata, la division du travail poussée à l'extrême contribue à la définalisation[1]. Dans *La Richesse des nations* (1776), Adam Smith considérait avec raison que la divi-

---

1. Pierre Bentata, *Les Désillusions de la liberté, op. cit.*

sion du travail augmentait la productivité. Pour Smith, les travailleurs doivent se spécialiser sur des tâches bien déterminées, pour trois raisons. Première raison : à force de répéter un même geste, on devient plus efficace. Deuxième raison : en se spécialisant dans une activité, on évite de perdre du temps en passant d'un ouvrage à un autre. Troisième raison : en faisant ainsi, on perçoit mieux les manières d'améliorer son travail. Chez Smith, la répétition des gestes mène à la performance et à l'augmentation des salaires. Ce qui est vrai pour un individu l'est pour une entreprise. Celles qui se spécialisent dans un métier deviennent plus efficaces, connaissent mieux leurs marchés, les clients, les fournisseurs, le cadre juridique... Cette efficacité leur permet de dégager des économies d'échelle, c'est-à-dire de diminuer les coûts au fur et à mesure qu'elles produisent. C'est bien cette idée, ancienne, qui amène les entreprises à se concentrer sur leur cœur de métier.

Le raisonnement d'Adam Smith est imparable, mais il pose un problème philosophique et managérial. Un artisan perçoit sans effort le sens de son travail : le plombier et l'électricien améliorent le confort des maisons, le fabricant de tapis et de rideaux les embellit. Mais l'apport au monde du comptable d'une entreprise de nettoyage industriel ne saute pas aux yeux. C'est justement le rôle d'un manager de lui rappeler, de temps à autre, qu'il contribue à un écosystème dans lequel il est indispensable. Car sans une saine comptabilité, aucune entreprise de nettoyage ne peut perdurer. Et la propreté est une nécessité de notre temps, un bien sans lequel l'économie ne peut fonctionner et les individus s'épanouir. Antoine Namand, le président d'ISS en France, une entreprise de services danoise, a proposé à ses salariés un concours de selfies. Chaque salarié a été encouragé à prendre une photo de lui sur son lieu de travail pour illustrer l'intérêt de son métier. Le premier prix a été remporté par une jeune femme qui distribuait des repas dans un hôpital[1].

Cela dit, ne tournons pas autour du pot. Trouver du sens n'est pas toujours évident. Tout le monde ne travaille pas dans un hôpital ou un grand cabinet d'architecture. C'est tout le problème posé par ce génial extrait de *The Office* (encore l'épisode « Training », dans lequel David Brent a réuni son équipe pour une journée de formation commerciale). Rappelons que l'entreprise vend du papier.

Le formateur se lève de sa chaise et se tourne vers un salarié.

Le formateur : Le mot-clé d'aujourd'hui, c'est la motivation. Keith, qu'est-ce qui vous a motivé à travailler ici ?

David Brent interrompt : Le travail d'équipe.

Le formateur : Laissez-le continuer.

David : C'est ce qu'il dirait si vous lui demandiez.

Le formateur : Je lui demande et j'aimerais qu'il réponde.

Keith : Ce boulot, c'est provisoire. C'est pas dur. J'emporte pas de travail à la maison. C'est pas prise de tête.

David : À ton niveau.

---

1. « Aussi heureux qu'un Danois au travail », *Les Échos*, 16 septembre 2016.

Keith : En fait, je veux faire de la musique. Composer et jouer dans un groupe.

À la fin de la journée de formation, Tim, un collègue de Keith, se lève de sa chaise : « Mon boulot m'emmerde. Désolé. On perd notre temps. Ras-le-bol de ces conneries. Je ne veux plus prendre d'appel pour des feuilles blanc intense à 230 la tonne. Je te donnerai ma démission. On discutera du préavis. Là, je me tire. »

Le formateur lève les yeux au ciel et, dépité, se dirige vers la porte : « Ça ne sert jamais à rien. »

D'où vient la motivation quand on est commercial d'une entreprise qui vend des rames de papier ? Du fait que le papier est (encore) indispensable à la bonne marche de nos sociétés. Et du goût du travail bien fait. Pour vous en convaincre, peut-on faire davantage que citer Péguy dans *L'Argent*, en 1931 ?

« Ces ouvriers ne servaient pas. Ils travaillaient. Ils avaient un honneur, absolu, comme c'est le propre d'un honneur. Il fallait qu'un bâton de chaise fût bien fait. C'était entendu. C'était un primat. Il ne fallait pas qu'il fût bien fait pour le salaire ou moyennant le salaire. Il ne fallait pas qu'il fût bien fait pour le patron ni pour les connaisseurs ni pour les clients du patron. Il fallait qu'il fût bien fait lui-même, dans son être même. Une tradition, venue, montée du plus profond de la race, une histoire, un absolu, un honneur voulait que ce bâton de chaise fût bien fait. Toute partie, dans la chaise, qui ne se voyait pas, était exactement aussi parfaitement faite que ce qu'on voyait. C'est le principe même des cathédrales. »

C'est quand le sens est absent et quand l'amour du travail bien fait s'érode que les entreprises se perdent en objectifs multiples et insignifiants et mobilisent maladroitement des dérivatifs comme le jeu et le bonheur.

13

Cinq principes
pour travailler mieux

Simplicité, autonomie, culture

La première édition du livre de Michel Crozier *L'Entreprise à l'écoute* a été publiée en 1989. Le sociologue y expliquait l'émergence d'une « société de la connaissance ». Il montrait pourquoi ce changement de contexte économique devait en bonne logique amener les entreprises à faire évoluer leur gouvernance et leur management. Dans une économie de la connaissance, écrivait Crozier, les entreprises doivent mettre en place les conditions pour que les gens se motivent eux-mêmes. Le management doit développer trois notions : la simplicité, l'autonomie et la culture. Ces notions sont complémentaires. Seule la simplicité d'une organisation laisse s'épanouir l'autonomie. Une forte culture d'entreprise est nécessaire pour réguler l'autonomie, faire en sorte qu'elle ne dérive pas vers la liberté totale, c'est-à-dire vers l'anarchie. Ces notions ne sont pas abstraites. Elles se déclinent en une organisation concrète où les managers font la pédagogie de l'entreprise, de sa stratégie, où ils lèvent les contraintes, où ils s'assurent de la qualité de l'environnement du travail.

Depuis plus d'une décennie, le courant de la *personal economics* a mis les outils de la science économique au service du management de façon concrète, exactement comme le management positiviste l'exige[1]. La *personal economics* est une discipline récente mais qui a déjà accouché de résultats solides. Il est en particulier démontré que les incitations financières, et notamment les primes individuelles sur objectifs, sont dangereuses. L'être humain est un bon optimisateur. Fixez-lui un objectif, il le réalisera au détriment d'autres, peut-être plus importants pour l'entreprise, que vous n'avez pas pensé à formaliser, ou qui simplement ne peuvent pas l'être[2]. Les enseignements de la *personal economics* sont proches de ceux de Crozier : la culture, l'état d'esprit, le sens, l'autonomie sont les meilleurs régulateurs dans une entreprise. C'est difficile à admettre dans une organisation par définition verticale et envahie par l'idéologie du contrôle. Les entreprises, comme les individus, doivent faire face au conflit entre leurs réflexes et la rationalité, surtout dans les périodes de tension. Ce point nous est apparu clairement pendant les difficultés économiques

---

1. *Cf.* le livre de référence sur ces sujets, Edward Lazear et Michael Gibbs, *Personal Economics for Managers*, John Wiley & Sons, 2008.

2. *Cf.* Maya Beauvallet, *Les Stratégies absurdes. Comment faire pire en croyant faire mieux*, Seuil, 2009.

qui ont suivi la crise financière de 2008. Devant cet événement à la gravité inattendue, les entreprises ont, par réflexe, accentué les défauts de leurs organisations : plus de centralisation, plus de contrôles, plus de process.

Encourager l'excellence

Les salariés peuvent et veulent de plus en plus échapper à la bureaucratie d'entreprise. Les meilleurs d'entre eux supportent mal d'être continûment surveillés. Problème, nous font remarquer certains dirigeants d'entreprise : de nombreux salariés ne sont pas capables d'être autonomes. Cette remarque peut sembler frappée au coin du bon sens. Elle est pourtant curieuse si on prend la peine d'y réfléchir plus de deux secondes. D'une part, dans les enquêtes d'opinion que nous avons déjà citées, les salariés sont nombreux à se plaindre du manque d'autonomie qu'ils subissent. Si l'on écoute les dirigeants d'entreprise, les collaborateurs demandent donc une responsabilité dont ils oublieraient qu'ils sont incapables de l'assumer. C'est porter sur ses collaborateurs un regard infantilisant, celui du premier âge du monde d'Auguste Comte. D'autre part, il est baroque de construire une organisation pour les éléments les moins performants. Admettons que de 20 à 30 % des salariés soient incapables de disposer de davantage d'autonomie dans la gestion de leur temps et de leur lieu de travail : quelle est la rationalité qui pousse les entreprises à construire une organisation qui est déplaisante, dévalorisante et entravante pour les 70 à 80 % d'éléments qui sont les plus performants ? Donnez de l'autonomie aux salariés, vous serez surpris ! L'homme est fait pour être libre et la confiance est un excellent régulateur. À y regarder de près, c'est la confiance qui nous permet de vivre en société. Quand vous allez au restaurant, vous faites confiance au cuisinier, que rien n'empêche *a priori* de cracher dans les assiettes. Quand vous vous faites opérer, vous faites confiance au chirurgien, que rien n'empêche en principe d'avoir bu un apéritif alcoolisé avant. Quand vous passez au feu vert, vous faites confiance à l'automobiliste qui, sur votre droite, va s'arrêter au feu rouge. Si nous vivons confortablement dans nos sociétés, c'est parce que la confiance régule nos rapports sociaux. Ce qui fonctionne plutôt bien dans les sociétés doit devenir la règle dans les organisations. Au XX\ :sup siècle, le manque de confiance dans les entreprises était une souffrance pour les salariés. Au XXI\ :sup siècle, c'est aussi une erreur économique. Faites des entreprises pour les meilleurs, pas pour les moins bons !

Parier sur la confiance

La confiance fait partie des slogans de l'entreprise : toujours théorisée, souvent exigée mais rarement éprouvée… Tous les coachs, managers, dirigeants, mais aussi les ouvrages de management et de développement personnel utilisent ce mot à l'envi. Il est demandé d'avoir confiance à la fois en soi et dans les autres. Malheureusement, cette exigence peut virer à l'injonction contradictoire, car le concept de confiance est souvent confusément compris.

L'appel répété à avoir « confiance en soi » consiste à exiger des salariés qu'ils gagnent en assurance personnelle. Dans l'entreprise et la société contemporaine, avoir confiance, c'est être optimiste, positif, c'est prendre l'apparence d'un *winner*. Cette forme d'assurance est présentée comme le facteur clé de la réussite personnelle et collective. Elle constitue un impératif managérial censé conjurer l'échec et l'imprévu. Le problème, c'est que l'insistance sur l'assurance personnelle dévalorise la confiance en l'autre, autre exigence légitime du management.

En effet, quelle place reste-t-il à la confiance mutuelle quand tout est centré sur l'assurance personnelle et l'infaillibilité des collaborateurs ? Le mot « confiance » vient du latin *confidere* (*cum* : « avec » ; *fidere* : « foi »). Avoir confiance en autrui signifie lui remettre quelque chose de précieux en s'abandonnant à sa bienveillance, d'où les liens étymologiques étroits entre confiance, confidence, foi, fidélité. La confiance est, comme la foi, un pari. Son résultat n'est jamais garanti. Dans les deux cas, nous pouvons être trahis et déçus. Dans les deux cas, nous plongeons dans l'inconnu. Comment insuffler de la confiance dans des entreprises qui cherchent à se couvrir contre tous les risques en contractualisant tout ce qui peut l'être, et encouragées par un droit du travail lui-même exagérément protecteur des salariés (pour le bonheur des professions juridiques) ?

Contrairement à ce que déclame la publicité d'un grand distributeur d'électroménager, la confiance ne saurait se réduire à un contrat. C'est au contraire la défiance qui entraîne un besoin obsessionnel de contrats[1]. Le but des contrats est toujours le même : se rassurer en s'assurant que l'autre n'abusera pas de notre confiance. Le contrat repose sur une logique de protection réciproque. Les relations de confiance, à l'inverse, acceptent une logique asymétrique : j'accorde ma confiance sans avoir la certitude qu'elle sera payée de retour ; je me place dans une position de dépendance à l'endroit de l'autre ; je suis vulnérable face à autrui. Avoir confiance, c'est donc choisir de ne pas se protéger par un contrat. C'est parce que je me méfie que je décide de passer par la voie contractuelle. Les contrats permettent, par construction, l'ordre et la cohérence pour tenter de prévoir et de maîtriser le futur. La confiance est un pari plus efficace mais plus risqué, car demeure toujours la possibilité d'une trahison par l'autre, qui reste libre. Je peux espérer ne pas être déçu, mais je ne peux jamais éliminer le risque d'une trahison. On exige implicitement de l'autre qu'il soit « digne » de confiance, c'est-à-dire « régulier », rigoureux, ferme, fiable. Souvent, nous faisons confiance à une personne, sans savoir pourquoi exactement. Elle ne se réduit pas à une dimension cognitive. Elle n'est pas le fruit d'une connaissance objective, elle ne se fonde pas sur des standards quantifiables, car celui qui sait tout n'a, de fait, pas besoin de faire confiance. Quelqu'un peut être fiable sans que je lui accorde ma confiance, alors que je peux faire confiance à mon fils adolescent sans que rien de

---

1. Michela Marzano, *Le Contrat de défiance*, Grasset, 2010.

tangible le justifie. Accepter l'incertitude est donc l'une des premières conditions de la confiance. Si l'on n'est pas prêt à accepter le risque inhérent aux relations humaines qui échappe à la maîtrise, à la connaissance et au contrôle, elle disparaît. Dans une entreprise où on agit au sein d'une équipe, on ne peut se limiter à planifier ses actions. L'imprévu est la règle et n'est pas toujours maîtrisable. C'est justement parce que le risque existe que la confiance et l'engagement mutuel peuvent se glisser. Reconnaître ses propres limites est l'autre condition de la confiance. Les individus sont d'autant plus disposés à faire confiance qu'ils comprennent que les éventuelles déceptions ou incertitudes font partie de l'existence et qu'ils ne peuvent tout contrôler.

Comme le courage, la confiance s'étend par l'exemplarité. Selon Hannah Arendt, il existe même un pouvoir subversif de la confiance : celle des uns aurait le pouvoir d'engendrer la fidélité et la loyauté des autres[1]. À partir du moment où l'on fait confiance à quelqu'un, celui qui reçoit ce don, ce pari sur lui-même, ne peut que se sentir investi du devoir de s'en montrer digne. « Infondée au départ, elle fonde la bonne foi du partenaire, insensée, elle justifie la fidélité après coup. » Souvenez-vous des *Misérables*, de Victor Hugo. L'évêque fait confiance à Jean Valjean : « Vous utiliserez bien cet argent, désormais vous n'appartenez plus au mal mais au bien. » À l'inverse, contrôler, c'est soupçonner. Nous avons appris qu'une grande entreprise française autorisait le

---

1. Hannah Arendt, *La Crise de la culture*.

télétravail le mardi et le jeudi mais pas le lundi ni le vendredi, de peur que les salariés allongent leur week-end, ni le mercredi de peur qu'ils s'occupent de leurs enfants. Cette entreprise envoie un signal clair et destructeur à ses collaborateurs : « Nous n'avons pas confiance en vous, vous êtes naturellement paresseux, vous ne pouvez pas être autonomes, vous ne pouvez travailler que contraints et forcés. Nous nous résignons à ce que vous n'ayez pas confiance en nous. » Voilà comment des entreprises font partir les meilleurs.

La confiance est la clé de l'autonomie et donc de la lutte contre les process. C'est sans doute ce qui explique que les Scandinaves se prétendent plus heureux au travail que la moyenne. Dans les pays du Nord, le contrat social est basé sur la confiance et l'autonomie. Cet état d'esprit imprègne l'entreprise. Il ne sera jamais reproché à un salarié de partir à 16 heures pour récupérer son enfant à l'école ou à la crèche, car on sait que, le cas échéant, il se rendra disponible.

Pour que la confiance s'établisse, des règles claires doivent être définies et la direction de l'entreprise doit être exemplaire. Nous nous souvenons d'une entreprise qui, dès les années 2000, avait autorisé le télétravail. Son principal dirigeant surveillait, de son bureau, au moyen d'une caméra vidéo, les entrées et les sorties des collaborateurs. Les entreprises qui agissent comme cela ne feront jamais mieux que vivoter. Si vous y travaillez, démissionnez vite. À vous, dirigeants d'entreprise, qui avez du mal à faire confiance : quittez votre bureau, faites-vous élire président du Medef local ou de la CPME. Cela vous obligera à vous concentrer sur l'essentiel : le projet de votre entreprise. À quoi sert-elle ? Comment contribue-t-elle à améliorer le monde ?

Demeure forcément une frange, infime, de collaborateurs incapables de s'autoréguler et d'être responsables au sein d'un environnement régi par la confiance. Pour eux, l'alternative doit être limpide. Soit ils changent leurs comportements, soit il est de la responsabilité des dirigeants de négocier leur départ. Une entreprise n'est pas dotée d'un rôle moral. Elle doit servir un projet collectif en maximisant son efficacité. L'entreprise est soumise à la loi, qu'elle doit respecter scrupuleusement. Mais aucun dirigeant d'entreprise ne s'est grandi en faisant preuve de lâcheté.

Retrouver le courage

Parmi les modes les plus agaçantes de notre époque figure celle des chartes de valeurs publiées par les entreprises. Comme si elles étaient honteuses de réaliser des profits dans un environnement concurrentiel, la quasi-totalité des grandes sociétés font rédiger des documents dans lesquels elles énumèrent les « valeurs » que leurs salariés doivent respecter. Ces chartes sont destinées aux pouvoirs publics (il faut montrer que l'on est irréprochable, surtout après la crise financière de 2008), aux clients (tous les efforts leur sont consacrés) et aux jeunes issus des grandes écoles (leur futur travail contribuera à leurs idéaux les plus grandioses). Des chartes ridicules dans 90 % des cas. Les valeurs qu'elles énumèrent soit n'en

sont pas, soit relèvent des clichés les plus éculés. Le respect, la bienveillance, l'honnêteté sont
bien les moindres des choses et on comprend
mal qu'elles doivent faire l'objet d'un engagement
écrit. La « performance durable », l'innovation, la
« passion pour le client » sont des conditions de
survie de l'entreprise à long terme. Quant à l'hu-
manisme, qui figure en bonne place dans toutes
ces chartes, nous nous demandons toujours à quoi
il fait référence exactement. S'agit-il de traiter les
humains comme des humains ? D'accord, mais
est-ce nécessaire de l'écrire ? S'agit-il de protéger les humains contre vents et marées, y compris dans les périodes de difficultés économiques ?
Si telle était l'idée, elle serait problématique, car
bien souvent elle n'est pas respectée. Une majeure
partie des entreprises, à un moment ou un autre
de leur vie, licencient. Mais si elle est respectée,
elle peut mettre en péril l'entreprise et l'ensemble
de ses équipes. Auquel cas il s'agirait d'un huma-
nisme bien faible.

Nietzsche nous a appris à nous méfier de la
morale, ou plutôt de la « moraline », ce petit
baume de bonne conscience. Cette prévenance
trouve un magnifique champ d'application dans
le vocabulaire de l'entreprise[1]. Pour Nietzsche, la
morale est souvent la falsification d'une faiblesse
travestie en force. Cette falsification consiste à
s'inventer une supériorité, à interpréter son échec
comme une grandeur morale, de sorte que la faiblesse devienne un grand mérite. C'est ainsi que
l'impuissance devient de la bonté, la crainte de

---

1. Friedrich Nietzsche, *Généalogie de la morale*.

l'humilité, la lâcheté de la patience. Le faible se persuade ainsi que sa faiblesse résulte d'une grandeur d'âme. C'est par ce mensonge de haut vol que de nombreux comportements contre-productifs sont acceptés et justifiés dans l'entreprise. Par cette inversion, on tolère l'inefficace au nom de grands alibis moralisateurs. On construit des organisations pour les mauvais et pas pour les bons, ceux qui feront le succès de l'entreprise. On croit ainsi faire le bien. Cette morale faible n'est rien d'autre qu'un manque de talent et de courage.

Nous proposons d'intégrer dans le vocabulaire de l'entreprise une valeur qui, curieusement, ne figure presque jamais dans les chartes éthiques, et nous souhaiterions qu'elle soit appliquée au premier degré : le courage, qui est l'une des composantes de la nécessaire autorité. Serait-ce parce qu'elle est difficile à appliquer ? C'est le destin de toute valeur. Le courage est une vertu cardinale, comme la justice, la prudence et la tempérance. Au fond, un grand nombre des dysfonctionnements managériaux que nous avons pointés dans cet ouvrage (notamment la dévalorisation de l'autorité) émanent de la perte du courage. Le langage même utilisé dans l'entreprise est édulcoré pour devenir rassurant : le licenciement devient « restructuration », une évaluation un « 360 degrés », une période d'errance un « bilan de compétences », un chef un « manager », un salarié un « collaborateur », un état dépressif un « burn-out »... Le courage n'est pas davantage manifeste dans les actes. Les managers préfèrent organiser des réunions pour diffuser un message collectif plutôt que dire des choses désagréables dans un face-à-face.

C'est moins courageux et cela vole le temps de personnes qui ne sont pas directement concernées. Plutôt que laisser un groupe de salariés tester une innovation, ils préfèrent laisser mourir l'idée pour ne pas affoler les actionnaires. Ce manque de courage génère une injonction contradictoire courante : prenez des initiatives, mais vous savez que nous les étoufferons.

Les dirigeants et managers perçoivent mal que le courage n'est pas qu'une vertu sacrificielle. Elle protège l'entreprise. Elle maximise ses chances de survie. Elle est le meilleur outil de régulation. Comme l'écrit la philosophe Cynthia Fleury, elle est tout à la fois instrument de leadership et de gouvernance. Elle se diffuse par mimétisme, partant de l'exemplarité des leaders. Le courage est l'outil indispensable au service du sens et de l'avenir[1].

Oser la confrontation d'un dialogue véritable

Au royaume de l'horizontalité, le brainstorming est roi. Le brainstorming, ce moment sacralisé dans la vie de l'entreprise dont on attend la solution que personne n'a pu trouver dans son bureau et qui doit accoucher de l'idée géniale ; ce moment d'égalité où l'« intelligence collective » va se révéler là où les « intelligences individuelles » ont échoué... Malheureusement, la vérité commande de dire que la majorité des brainstormings donne naissance à

---

1. Cynthia Fleury, *La Fin du courage*, Fayard, 2010.

des idées indigentes que chacun oublie une fois la réunion close. Il est passionnant de comprendre pourquoi. Le brainstorming fantasme l'horizontalité et l'égalité. C'est la raison pour laquelle il ne donne jamais rien[1].

L'inventeur du brainstorming est le publicitaire américain Alex Osborn, qui s'inspira du modèle militaire de mitraillage massif en formation commando pour l'appliquer au monde de l'entreprise dans les années 1940. Il s'agit de frapper abondamment et au hasard. Seulement, à force de tout remuer abondamment et au hasard, le *brainstorming* (littéralement « tempête dans l'esprit ») devient une tempête dans un verre d'eau. Les entreprises organisent ces séances parce qu'elles espèrent attraper au vol des idées géniales. Qu'il s'agisse de trouver un nouveau *business model* ou un nom de marque, toutes tentent d'expérimenter les processus menant à l'« eurêka ». La séance s'ouvre généralement sur une longue discussion à bâtons rompus où chaque idée est consignée sur un Post-it et collée au *paperboard* de la salle. Tornade de papiers fluo et rafale de généralités.

Le brainstorming ambitionne d'actualiser le dialogue philosophique commencé par Socrate dans la Grèce antique. Il est en fait son héritage appauvri et même inversé. Si les dialogues de Platon commencent tous par ce qu'Aristote appelle un « topique » (de *topos*, mot grec signifiant « lieu »), c'est-à-dire l'exposé des lieux communs sur un sujet donné, le topique est ce à quoi aboutit le

---

1. *Cf.* Julia de Funès, *Socrate au pays des process*, *op. cit.*, chapitre sur le brainstorming.

brainstorming : un florilège d'opinions diverses souvent sans intérêt. Le balayage des opinions est présent dans les deux cas, mais dans l'un il est préambule (dialogue philosophique), dans l'autre il est résultat (brainstorming).

L'une des caractéristiques du dialogue philosophique socratique consistait à dépasser les lieux communs et les opinions contradictoires, car la vérité est une et l'erreur multiple. La vérité se définit par sa non-contradiction, contrairement à l'opinion, qui s'embourbe dans des contradictions sans fin. C'est pourquoi le dialogue philosophique cherche avant tout à confronter les opinions. Socrate anime les débats, en montrant que les opinions se contredisent entre elles ou qu'un individu se contredit lui-même. C'est en dépassant les contradictions que le dialogue conduira à l'idée vraie, celle qui surmonte les contradictions. Imaginez-vous un seul instant un collaborateur qui pousserait jusque dans ses retranchements les plus ténus un de ses collègues ? Il serait pris pour un personnage obtus qui s'acharne. Le brainstorming est au contraire empli d'un halo de tolérance où il ne s'agit surtout pas de contredire son collègue sous peine d'entamer son génie créateur. Si l'intention est la même (parvenir à une idée vraie, à une idée qui fonctionne), les moyens sont opposés : la confrontation rigoureuse dans un cas, la tolérance démagogique dans l'autre.

Cette pseudo-tolérance dont se prévaut le brainstorming n'est qu'une forme d'indifférence aux opinions d'autrui. Il ne suffit pas de les noter et de les afficher sur un *paperboard* pour les respecter. Pour les Grecs, remettre en question une pensée, aller au bout de l'argumentation par un examen rationnel, quitte à la contredire, ne revient pas à la critiquer mais à la considérer. Mettre en difficulté la pensée de l'autre, c'est lui accorder attention et valeur puisque cela exige de lui consacrer un temps rare par nature. Le brainstorming évite la confrontation, qu'il confond avec le conflit. Or le conflit est une opposition, la confrontation un rapprochement : confronter c'est comparer, comparer c'est mettre côte à côte. Le brainstorming, s'il n'est pas confrontant, n'aboutira jamais aux idées vraies, qui par définition, sont celles qui éprouvent et dépassent les contradictions.

Accepter la contradiction rigoureuse suppose de parler au nom de la raison et non de sa personne ou de sa fonction. Parler au nom de sa raison suppose qu'on accepte d'être jugé sur ses paroles, ses idées, auxquelles le « moi » n'est pas entièrement réductible. Or, en entreprise, on ne parle qu'au nom de sa fonction et de son niveau de poste. Imaginez un N – 2 soutenir à son manager qu'il se trompe sur toute la ligne. Il aurait du souci à se faire pour sa promotion, sinon pour sa pérennité dans l'entreprise... En entreprise, on contredit rarement le chef. On ne parle pas au nom de sa raison mais de son statut. Là encore, le brainstorming est à l'opposé de la méthode de discussion éprouvée depuis des siècles, celle qui mène aux idées vraies en se fondant davantage sur la rationalité que sur l'égotisme social. Dans la réalité de l'entreprise, le brainstorming ressemble davantage à une flatterie démagogique qu'à un discours constructif. C'est la raison pour laquelle il ne donne presque jamais de résultats.

Nos principes pour travailler mieux sont tous compatibles avec la joie et la convivialité. Ce ne sont pas des principes tristes mais des principes de motivation, d'efficacité et de réalisation personnelle.

14

Quinze propositions
pour être plus efficace

Nous avons défendu au début de cet ouvrage l'idée selon laquelle le management « positiviste » se caractérisait par des principes simples et concrets. Nous terminons donc cet ouvrage par quinze propositions pragmatiques qui découlent de l'analyse économique et philosophique que nous avons développée et qui permettront aux entreprises de laisser derrière elles le management hypocrite et stérile du contrôle et des bons sentiments.

1. Ne pas considérer les fonctions managériales comme des promotions mais comme des compétences

Bien que de nombreux salariés se plaignent de leurs managers, le terme « management » demeure positivement connoté, à tel point que devenir manager constitue, dans beaucoup d'entreprises, une promotion. Or les personnes choisies ne sont pas toujours les plus adaptées pour manager. Cet automatisme des promotions aboutit à des situations absurdes dans lesquelles d'excellents techniciens se retrouvent managers sans savoir faire coopérer des gens entre eux. Le rôle du manager est de donner du sens, lever des contraintes, mettre en relation des salariés éloignés dans l'entreprise, identifier quelles sont les qualités individuelles de collaborateurs qui peuvent être mises au service du projet collectif de l'entreprise... Ces qualités sont aussi humaines que techniques. Il n'est pas absurde pour un excellent technicien d'être managé par un profil généraliste. Les entreprises doivent cesser de considérer qu'un bon salarié a pour destin de devenir un manager.

2. Définir un mantra et l'afficher partout dans l'entreprise

L'investisseur de la Silicon Valley Guy Kawasaki exhorte les entrepreneurs à trouver un mantra et à l'afficher partout dans l'entreprise. Un mantra n'est pas une mission. La mission explique ce que fait l'entreprise et sa formulation est souvent technocratique et laborieuse. Le mantra explique le sens et, selon Kawasaki, doit tenir en quelques mots. Le mantra de Facebook était « Relier le monde », celui de SpaceX pourrait être « Amener les humains sur Mars ». Un laboratoire pharmaceutique afficherait « Tuer le cancer ». Le nôtre serait « Des idées pour progresser ».

3. Détruire les silos
dès qu'ils se forment

Toutes les organisations, qu'elles soient publiques ou privées, fabriquent leur bureaucratie. Il faut lutter contre cet état de fait et c'est le rôle des dirigeants, qui doivent exercer leur autorité. Dans un monde soumis à une destruction créatrice mondialisée, ils doivent imposer une flexibilité interne à l'entreprise et lutter contre les corporatismes intérieurs, ce qui demande beaucoup de courage. Les salariés eux-mêmes doivent avoir une vision globale de la stratégie de l'entreprise et de son organisation. Un grand nombre de réunions et d'e-mails inutiles disparaîtraient si les salariés pouvaient facilement savoir à qui s'adresser pour contribuer à résoudre un problème qu'ils ont identifié mais qui n'est pas formellement de leur responsabilité. Le rôle explicite des managers ne doit pas être de défendre un silo ou un service mais, au service du projet collectif, de faciliter la fluidité de la communication dans la globalité de l'entreprise.

4. Rendre les intitulés
de poste compréhensibles

Pour améliorer la circulation de l'information dans l'entreprise, les intitulés de poste doivent être compris de tous les collaborateurs. « Chargé de mission », « chef de projet », « planificateur stratégique » : ces mots-valises dans lesquels on range tout et n'importe quoi doivent être proscrits.

Les salariés doivent être capables de comprendre ce que font leurs collègues et doivent pouvoir les contacter, où qu'ils se trouvent dans l'entreprise, pour résoudre un problème. Pourquoi ne pas proposer aux collaborateurs de définir eux-mêmes l'intitulé qui convient le mieux à leur fiche de poste ? Cela obligera les ressources humaines à réfléchir en termes de mission autant que de métier et enclenchera une dynamique d'autonomie chez des salariés, qui pourront ainsi définir le sens de leur travail et mieux se l'approprier.

5. Développer le télétravail

Un grand nombre d'entreprises déménagent pour agrandir leurs locaux et les rendre plus agréables. C'est louable, mais le risque est que la vie sur ces « campus » devienne totalisante. Le télétravail présente deux avantages : il est plébiscité par les salariés et oblige les entreprises à instaurer des relations de confiance entre le management et les collaborateurs. On ne peut pas d'un côté exiger la mobilité des travailleurs et de l'autre freiner le développement du télétravail des quatre fers. Variante du télétravail : les entreprises doivent accepter les enfants des collaborateurs quand, par exemple, leur professeur est absent. Chacun comprend que les entreprises ne sont pas des crèches. Mais pourquoi ne pas offrir aux collaborateurs une aide simple pour un vrai besoin ? Tous ceux qui ont dû, en catastrophe, placer leur progéniture chez un parent ou prévenir, tendu, leur employeur seront d'accord avec nous.

6. Jeter les pointeuses

Les gens brillants ne pointent pas ; or les entreprises ont besoin de gens brillants. Les gens brillants ne demandent pas à travailler peu mais à être autonomes. Malheureusement, le droit du travail français ne permet pas toujours de se passer d'une pointeuse. Cette partie de notre législation est réactionnaire. Les entreprises doivent donc faire en sorte que le plus grand nombre possible d'employés ne soit pas concerné par le contrôle uniquement quantitatif du temps de travail.

7. Diminuer de 50 % le temps passé en réunions ou en brainstormings

La moitié des réunions ne servent à rien et pourraient être remplacées par une communication plus fluide au sein de l'entreprise ou, au pire, par des réunions téléphoniques. L'autre moitié des réunions sont, la plupart du temps, organisées en dépit du bon sens. Rappelons donc les bons principes d'organisation d'une réunion :
– le thème et le point de sortie sont annoncés à l'avance ;
– elle réunit moins de 10 personnes ;
– elle dure au maximum 45 minutes ;
– elle a lieu avant le milieu de l'après-midi ;
– elle commence par des exposés individuels de 4 minutes ;
– elle se poursuit par un dialogue confrontant les points de vue et constructif ;

– elle se clôt par une décision et jamais par la planification d'une autre réunion.

8. Supprimer les tours de table

Nous conseillons aussi de proscrire les tours de table, qui virent souvent à l'exposé pénible des CV et ne permettent ni de comprendre ni de retenir ce que font réellement les personnes. Les participants ne se présentent pas de façon synthétique mais se vendent sans respect pour la contrainte temporelle des autres. Le tour de table est plus souvent concurrentiel qu'informatif. Une discussion même un peu informelle permet de faire davantage connaissance tout en évitant la présentation statique, mécanique et artificielle. Le point 4 doit en outre rendre moins utiles les présentations de début de réunion.

9. Réduire les présentations PowerPoint et les *slides*

Les présentations PowerPoint simplifient la pensée à outrance et c'est pourquoi elles pourraient être proscrites. En 2004, Jeff Bezos, le fondateur d'Amazon, s'est attaqué à la rente du PowerPoint. Dans la quasi-totalité des organisations publiques et privées du monde entier, il est acquis qu'une présentation doit s'accompagner de *slides* et de *bullet points*. On frémit quand on pense au temps passé par des êtres humains à subir ces présentations qui, la plupart du temps, sont redondantes avec ce qui est dit.

Voici l'e-mail, traduit par nos soins, envoyé par Bezos, le 9 juin 2004, à ses salariés, dans lequel il explique qu'un « narratif », c'est-à-dire un document écrit et rédigé, doit systématiquement se substituer à un PowerPoint.

« Bien structuré, un "narratif" rédigé est le meilleur des textes. Si quelqu'un utilise une liste de *bullet points* sous Word, ce sera aussi mauvais qu'un PowerPoint. Rédiger un bon narratif de 4 pages est plus difficile qu'écrire un PowerPoint de 20 pages, car concevoir la structure d'un bon texte oblige à une meilleure identification et compréhension de ce qui est important et de la façon dont les choses sont reliées. Les présentations de style PowerPoint favorisent la possibilité de glisser sur les idées, de lisser l'importance relative des éléments et d'ignorer les interrelations entre les phénomènes. »

Jeff Bezos a mille fois raison. Oublions les PowerPoint, ils sont nocifs et détruisent la productivité des entreprises. La vie économique ne se réduira jamais à des *bullet points*.

10. Remplacer les formations inutiles par des formations en humanités

Pour éviter les mots creux, les *slides* insignifiantes et les raisonnements faibles, remplaçons les formations inutiles ou divertissantes par des formations en humanités. Au lieu de faire de la pâte à modeler et des loisirs créatifs, enrichissons la pensée, nuançons les mots, apprenons aux salariés à écrire correctement pour affûter les esprits, les rendre plus performants, plus riches en vocabulaire et donc en idées précises. Aidons-les à prendre de la hauteur pour adopter une vision systémique de l'entreprise, de son environnement, de ses problématiques. Les salariés se sentiront plus accomplis à la fin de ces formations, ils auront acquis des compétences fondamentales et durables. Ces compétences transversales leur serviront autant dans leur vie personnelle que professionnelle et quelle que soit la fonction qu'ils occuperont plus tard. Ne privilégions pas toujours les formations prétendument « business ». Misons sur les fondamentaux : la pensée et le langage.

11. Supprimer la charte éthique ou ne conserver que le courage

Les chartes éthiques sont dans 99 % des cas du verbiage bien-pensant. Rien ne sert d'écrire partout qu'on « met l'humain au centre » si l'on est incapable d'expliquer ce que cela signifie concrètement. Les chartes éthiques sont des vitrines de bonne conscience morale, et même si personne n'ose le dire, tout le monde, au sein des entreprises, les considère comme telles. La vertu qui manque aujourd'hui est le courage. Sinon, comment expliquer que, dans les grandes structures, on trouve à tous les niveaux des gens « placardisés », qui entravent l'organisation et gâchent leur vie ? Dans le cadre de l'entreprise, le mantra + le courage valent tous les engagements éthiques.

12. Supprimer les activités ludiques des séminaires d'entreprise

Les séminaires d'entreprise peuvent être utiles. Mais ils doivent être considérés comme des moments de rencontre et d'échange studieux, conviviaux et joyeux. L'entreprise est le lieu du travail et de l'action efficace. Intégrer les activités sportives et ludiques dans les séminaires génère des monstruosités contre-nature. Les salariés les moins bons s'en accommodent peut-être. Les meilleurs le vivent mal. Certains séminaires sont très réussis, nous pouvons en témoigner. Dirigeants : invitez vos collaborateurs dans de beaux endroits, où ils n'ont pas l'habitude d'aller, proposez aux conjoints de venir, alternez présentations sérieuses et intelligentes, mais surtout... ne forcez personne à rien. C'est à cette unique condition que votre séminaire sera utile et agréable.

13. Prohiber les e-mails inutiles

L'idéologie de la peur, quand elle découle de celle du contrôle, amène les salariés à se couvrir en permanence. Les boîtes e-mail se remplissent de dizaines de messages dont 90 % n'intéressent pas les destinataires. La politesse doit redevenir une vertu dans les entreprises. Or déranger des collègues ou des collaborateurs avec des messages inutiles relève de l'impolitesse. C'est aux managers de lutter contre les messages qui interrompent le travail, la réflexion et affaiblissent la productivité. La confiance doit permettre que tout ne soit pas consigné par écrit.

14. Dire les choses directement à l'interlocuteur concerné avec des mots francs

Beaucoup d'entreprises pratiquent une novlangue destinée à des collectifs au lieu de parler français à une seule personne. On ne réunit pas dix personnes pour s'adresser à une seule. En outre, les dirigeants et les managers doivent prononcer des paroles justes et vraies en lieu et place d'un insupportable franglais. Aujourd'hui, le langage de l'entreprise est une « langue de bois », c'est-à-dire un langage codifié qui, parfois, ne veut pas dire grand-chose : « Es-tu bien *full time* sur le *draft* du *call* ? », « Ton *input* n'est pas assez disruptif, je vais reprendre le *lead* ». Ce langage abscons satisfait parfois peut-être l'ego de ceux qui le tiennent et l'entendent en leur donnant le sentiment de faire partie d'une élite mondialisée. Mais beaucoup de collaborateurs ne sont pas suffisamment médiocres pour chercher à masquer leur incompétence par l'utilisation d'un jargon. Les meilleurs ingénieurs du monde ou les commerciaux les plus audacieux préfèrent qu'on leur dise franchement les choses. Retrouvons des mots qui parlent, simples et justes. Il faut ouvrir le langage d'affaires à une clarté commune.

15. « *Sapere aude* »

Enfin, pensons par nous-mêmes, ce qui ne veut pas dire seuls. Gardons en mémoire cette devise kantienne des Lumières : *Sapere aude*

(« Ose savoir »). Selon Kant, l'autonomie prend source dans la liberté, qui est innée en tout être humain du fait qu'il est doué de la capacité de raisonner. Gardons toujours à l'esprit qu'une collectivité est humaine (et non inhumaine comme peut l'être un système totalitaire) quand elle est composée d'une pluralité d'êtres reconnus comme pensants, quand ses membres visent un sens commun et mènent pour cela des projets. En latin, ce sens commun se dit *consensus*. Or nous confondons consensus et consensualisme. Le véritable consensus est une convergence créée à partir de la confrontation des divergences. Le *Sapere aude* n'est pas un concept désincarné. Il se vit concrètement. Ainsi, faisons en sorte que chaque collaborateur ait préalablement préparé individuellement le sujet traité. Qu'il soit prêt à exposer son analyse personnelle du sujet et ses solutions. C'est difficile. Cela demande de l'imagination et du travail. Si ce travail n'a pas été effectué, autant annuler cette réunion qui sera du temps perdu. Or, du temps, les entreprises en perdent déjà beaucoup...

Conclusion

Dans nos sociétés, l'entreprise revêt une double importance. Importance collective d'abord, car elle est la courroie de transmission entre la recherche scientifique et la société. Les chercheurs inventent, les entreprises innovent. Sans technologie, il n'est pas de progrès, mais, sans entreprise, il n'est pas de progrès partagé. Importance individuelle ensuite. La plupart des personnes actives consacrent la plus grande partie de leur temps aux entreprises. C'est la raison pour laquelle on ne peut se résoudre à voir autant d'entreprises mal managées. C'est un vrai problème d'efficacité économique et sociétale et de bien-être des individus. C'est pourquoi nous avons voulu dans ce livre déconstruire les fausses bonnes idées à la mode et montrer, au contraire, comment pourrait fonctionner une entreprise, non pas libérée, car l'autorité est plus que jamais nécessaire, mais libérale dans la mesure où elle laisse davantage d'autonomie à ses collaborateurs.

L'entreprise est un agent constitutif de la société démocratique libérale, l'un des plus importants. C'est pourquoi nous voulons la dégager des illusions et des théories managériales inefficaces. Au fond, nous plaidons avant tout pour un retour du sens et du bon sens. Pensons, travaillons, innovons dans la joie et la convivialité ! Aimons l'aventure et ayons du courage, condition de la justice, de l'efficacité et de la réalisation de soi. Plus que jamais, les entreprises ont besoin d'attirer et de valoriser les qualités des individus et de faire des ponts d'or aux meilleurs d'entre eux. Mais, depuis la nuit des temps, les individus les plus motivés ne recherchent pas les artifices, les faux-semblants, les comédies. Ils recherchent des moyens de réaliser des choses utiles et véritables, dans des environnements motivants. L'entreprise demeure un fabuleux outil pour parvenir à cette fin.

Remerciements

Merci à Pierre Bentata et à Isabelle Jacquet pour leurs lectures et leurs remarques.

Table

———

12851

Composition
NORD COMPO

*Achevé d'imprimer en Slovaquie
par NOVOPRINT SLK
le 11 octobre 2022.*

Dépôt légal : janvier 2020
EAN 9782290210338
L21EPLN00257-558341/R3

ÉDITIONS J'AI LU
82, rue Saint-Lazare, 75009 Paris

Diffusion France et étranger : Flammarion